多元治理、财政政策与乡村振兴

秦 聪 著

·北京·

图书在版编目（CIP）数据

多元治理、财政政策与乡村振兴/秦聪著. —北京：科学技术文献出版社，2021.4
ISBN 978-7-5189-7793-2

Ⅰ.①多… Ⅱ.①秦… Ⅲ.①农村—社会主义建设—研究—中国 Ⅳ.①F320.3

中国版本图书馆CIP数据核字（2021）第061556号

多元治理、财政政策与乡村振兴

| 策划编辑：丁芳宇 | 责任编辑：李 睛 | 责任校对：王瑞瑞 | 责任出版：张志平 |

出 版 者　科学技术文献出版社
地　　址　北京市复兴路15号　邮编 100038
编 务 部　(010) 58882938, 58882087（传真）
发 行 部　(010) 58882868, 58882870（传真）
邮 购 部　(010) 58882873
官方网址　www.stdp.com.cn
发 行 者　科学技术文献出版社发行　全国各地新华书店经销
印 刷 者　北京虎彩文化传播有限公司
版　　次　2021年4月第1版　2021年4月第1次印刷
开　　本　710×1000　1/16
字　　数　161千
印　　张　10.5
书　　号　ISBN 978-7-5189-7793-2
定　　价　46.00元

版权所有　违法必究

购买本社图书，凡字迹不清、缺页、倒页、脱页者，本社发行部负责调换

前　言

长期以来，学术界和各国政府一直在积极探索如何优化完善国家治理模式，以有效推进国家治理体系和治理能力现代化，实现社会经济发展和改善人民生活水平。过去数十年间，世界各国政府的治理方式经历了由"管理"向"治理"的转变；治理主体经历了由"一元"（仅依赖于政府）向"多元"（政府、社会组织和基层民众共同参与）的转变；治理模式则经历了由"自上而下"（政府主导）向"自下而上"（基层民众主导），进而寻求"上下融合"的转变。中国国家治理的发展也大致遵循了上述历程：自改革开放以来，我国政府积极探索适合我国国情的治理体系，由早期政府主导的"管理式"向政府、社会组织和基层民众共同参与的"治理式"转变，并分别实践了"自上而下"治理模式（如西部大开发政策和集中连片特困区政策）、"自下而上"治理模式（如农村专业合作组织）和"上下融合"治理模式（如农村发展扶贫项目）。2013年11月，党的十八届三中全会正式将"推进国家治理体系和治理能力现代化"列为我国全面深化改革的目标之一。

目前，我国已经实现了全面建成小康社会的宏伟目标，但地区之间和城乡之间仍存在经济发展的不均衡。2017年10月18日，习近平总书记在党的十九大报告中指出："我国社会主要矛盾已经转化为人民日益增长的美好生活需要和不平衡不充分的发展之间的矛盾。"鉴于我国的贫困人口多集中分布在乡村地区，因此，如何有效地解决"三农"问题成为疏解我国社会主要矛盾的关键所在。针对这一问题，我国于2017年实施了乡村振兴战略，并于次年2月公布中央一号文件，即《中共中央　国务院关于实施乡村振兴战略的意见》来全面指导乡村振兴战略的实施。其中，加快推进乡村治理体系和治理能力现代化被列为乡村振兴战略的重要组成部分和目标，成为"多元治理"模式在乡村基层的延伸。

从我国国情来看,"多元治理"和"乡村振兴"既有各自的侧重点,又是一脉相承的。以往研究对两者做出了有益的探索,但大多停留在定性分析和简单统计描述上,鲜有将两者放在统一的研究框架下进行分析,因而可能会忽略一些重要问题。例如,"多元治理"各模式的实际效果如何?现实中哪些因素影响了"多元治理"效果的发挥?如何优化完善"多元治理"以便更有效地推动"乡村振兴"?为了回答上述问题,本项研究立足我国实践,科学运用定性分析与定量分析相结合、规范分析与实证分析相结合的研究方法,旨在较为全面地揭示出"自上而下"、"自下而上"和"上下融合"等3种多元治理模式的效果和作用机制,为优化完善我国治理体系、实现乡村振兴提供有益启示。

本研究共分为7个部分:第1部分为导论,第2部分梳理了国内外相关的研究成果;第3部分和第4部分分别以西部大开发政策和集中连片特困区政策为切入点,研究了"自上而下"治理模式中由中央到省和由中央到县的治理方式的效果及其作用机制;第5部分旨在深入剖析农村专业合作组织对农村经济发展和农户增收的影响,借此研究"自下而上"治理模式的效果,为优化完善我国农村基层治理体系提供良好的理论借鉴;第6部分旨在考察农村发展扶贫项目对农户增收的影响,由此重点探讨"上下融合"治理模式的成效及其作用机制;第7部分对前文进行总结并讨论其政策含义。

本研究受到了国家自然科学基金青年科学基金项目"多层级官员激励与地方经济增长:地方政府治理视角下的实证分析"(72003187)的资助。本研究以我的博士论文为基本框架,其中,基于部分章节形成的学术论文已经发表在《中国社会科学》、《经济研究》和 European Economic Review 等期刊上,其余未发表章节也已在项目资助下完成了大幅修改,形成了规范的学术论文。改革开放40多年来,我国经济社会的方方面面均取得了日新月异的发展,与国家治理和乡村振兴相关的理论和实践同样是层出不穷;鉴于此,从任何一个视角试图穷尽两者的关系都难免是杯水车薪的,甚至有以偏概全之嫌。尽管本研究也不例外,但希望所提出的研究框架能为国家治理和乡村振兴的后续研究提供一个有益的思路。

最后,特别感谢中国人民大学财政金融学院的贾俊雪教授。不知不觉中,受教于贾俊雪教授门下已有十载时光,本研究的付梓离不开他字勘句酌的批改、不厌其烦的讲解和海纳百川的包容。从博士论文到专著成文,可以说是我对贾俊雪教授一路的追随,在此,再次对贾俊雪教授道一声感谢。与此同时，也要真诚感谢中国人民大学财政金融学院的刘勇政教授、马光荣教授及深圳大学的王丽艳老师等，各位老师极为慷慨大度地允许我使用我们的合作成果；还要特别感谢中国人民大学财政金融学院的郭庆旺教授，他在书稿写作过程中对我进行了指导和启迪。此外，谨以此书献给我最亲爱的家人。

秦　聪
2021 年 2 月于中国人民大学

目　录

第1章　导　论 ... 1
1.1　研究主题 ... 1
1.2　基本概念 ... 3
1.3　基本内容 ... 5
1.3.1　研究方法 ... 5
1.3.2　技术路线 ... 5
1.3.3　主要内容 ... 6
1.4　研究特色与不足 ... 9

第2章　文献综述 ... 11
2.1　国外研究综述 ... 11
2.1.1　治理 ... 11
2.1.2　乡村治理 ... 14
2.2　国内研究综述 ... 15
2.2.1　治理 ... 15
2.2.2　乡村治理 ... 16
2.3　小结 ... 18

第3章　"自上而下"治理模式：省域瞄准 ... 19
3.1　政策背景 ... 19
3.2　计量策略、数据与变量 ... 23
3.2.1　计量策略 ... 23

3.2.2 数据 24
3.2.3 变量 24
3.3 实证结果 26
3.3.1 断点回归有效性检验 26
3.3.2 基准结果 27
3.3.3 稳健性检验 29
3.4 机制分析 32
3.4.1 对产业结构的影响 33
3.4.2 对农业产出的影响 33
3.4.3 对农业就业的影响 34
3.4.4 对农民收入的影响 35
3.4.5 对财政金融的影响 35
3.5 小结 36

第4章 "自上而下"治理模式：县域瞄准 38
4.1 政策背景 39
4.2 计量策略、数据与变量 41
4.2.1 计量策略 41
4.2.2 数据 42
4.2.3 变量 43
4.3 实证结果 47
4.3.1 集中连片特困区政策对于地方经济增长的影响 47
4.3.2 稳健性检验 47
4.3.3 机制分析：集中连片特困区政策的作用途径 56
4.3.4 集中连片特困区政策的经济增长效应是否具有益贫性 ... 59
4.4 小结 60

第5章 "自下而上"治理模式：农村专业合作组织 62
5.1 政策背景 67
5.2 理论分析 69
5.2.1 模型框架 69
5.2.2 农户优化问题 72

		5.2.3 稳态均衡	73
5.3	计量策略、数据与变量		75
		5.3.1 计量策略	75
		5.3.2 数据	77
		5.3.3 变量	79
5.4	实证结果		84
		5.4.1 倾向得分估计与平衡性检验	84
		5.4.2 专业合作组织的增收效应	86
		5.4.3 组织制度安排的影响	88
		5.4.4 外部制度环境的影响	91
		5.4.5 稳健性检验	95
5.5	小结		102

第6章 "上下融合"治理模式：农村发展扶贫项目   104

6.1	政策背景		106
6.2	理论分析		108
		6.2.1 模型框架	108
		6.2.2 农户优化问题	109
		6.2.3 市场均衡	110
		6.2.4 理论命题	111
6.3	计量策略、数据与变量		112
		6.3.1 计量策略	112
		6.3.2 数据	113
		6.3.3 变量	116
6.4	实证结果		120
		6.4.1 倾向得分估计与平衡性检验	120
		6.4.2 农村发展扶贫项目的扶贫成效	125
		6.4.3 扶贫方式与资金配套机制的影响	127
		6.4.4 村级民主的影响	129
		6.4.5 稳健性检验	130
6.5	小结		133

第 7 章　总结与政策建议 ·· 135
7.1　"自上而下"治理模式 ·· 136
7.2　"自下而上"治理模式 ·· 136
7.3　"上下融合"治理模式 ·· 137

附录 ·· 139

参考文献 ·· 142

图目录

图 1-1　多元治理、财政政策与乡村振兴研究的技术路线 ……………… 5
图 3-1　断点两侧西部大开发政策对 GDP 增长率的影响 …………… 28
图 4-1　平行趋势检验与动态效应分析 ………………………………… 50
图 4-2　随机生成处置组和对照组样本的估计系数分布 ……………… 54
图 5-1　2003—2016 年各省农村专业协会对农民人均纯收入的影响及市场化程度和村委会干部数量对农村专业协会增收效应的影响 ………… 66
图 5-2　处置组和对照组倾向得分分布 ………………………………… 86
图 5-3　随机生成处置组和对照组样本的平均处置效应分布 ………… 101
图 6-1　农村发展扶贫项目制定过程 …………………………………… 107
图 6-2　处置组和对照组倾向得分分布 ………………………………… 121
附图 1　样本匹配前后倾向得分的核密度 ……………………………… 140
附图 2　机制分析的动态效应 …………………………………………… 140
附图 3　益贫性的动态效应 ……………………………………………… 141

表目录

表 3-1	西部大开发主要政策汇总	22
表 3-2	数据描述统计分析	25
表 3-3	平衡性检验	26
表 3-4	西部大开发政策对人均 GDP 增长率的 OLS 估计	27
表 3-5	西部大开发政策对人均 GDP 增长率的 RD 估计	28
表 3-6	安慰剂检验结果	29
表 3-7	剔除边界分段的 RD 估计	30
表 3-8	西部大开发政策动态效果的 RD 估计	31
表 3-9	西部大开发政策对县和市辖区人均 GDP 增长率的 RD 估计	31
表 3-10	外溢效应	32
表 3-11	西部大开发政策对产业结构影响的 RD 估计	33
表 3-12	西部大开发政策对农业产出影响的 RD 估计	34
表 3-13	西部大开发政策对农业就业影响的 RD 估计	34
表 3-14	西部大开发政策对财政金融影响的 RD 估计	36
表 4-1	变量的计算方法及其数据来源	43
表 4-2	变量的描述性统计	46
表 4-3	集中连片特困区政策对于地方经济增长的影响	47
表 4-4	集中连片特困区政策对经济增长的逐年影响	48
表 4-5	平衡性检验	51
表 4-6	内生性检验	52
表 4-7	稳健性检验	55
表 4-8	集中连片特困区政策的作用机制	57
表 4-9	集中连片特困区政策对福利水平的影响	60

表 5-1	农村专业协会的基本信息	77
表 5-2	结果变量的统计描述	80
表 5-3	匹配变量的统计描述和倾向得分估计结果	81
表 5-4	匹配样本的平衡性检验	85
表 5-5	农村专业协会对处置组农户人均收入的影响	87
表 5-6	农村专业协会制度安排的影响	89
表 5-7	外部制度环境的影响	92
表 5-8	稳健性检验：非观测变量影响检验和其他检验	96
表 5-9	稳健性检验：非观测变量影响的模拟检验	97
表 6-1	农村发展扶贫项目的基本信息	114
表 6-2	处置组和对照组农户人均纯收入的描述性统计	117
表 6-3	匹配变量的描述性统计和倾向得分估计结果	118
表 6-4	匹配样本的平衡性检验	122
表 6-5	农村发展扶贫项目对处置组农户人均纯收入的影响	125
表 6-6	扶贫方式、资金配套机制和村级民主的影响	128
表 6-7	稳健性检验结果	131
附表 1	倾向得分估计及匹配样本的平衡性检验	139

第1章

导　论

1.1　研究主题

长期以来，学术界和各国政府一直在积极探索如何优化完善国家治理模式，以有效推进国家治理体系和治理能力现代化，实现社会经济发展和改善人民生活水平。尽管国家的建立已经有数千年的历史，"治理"（Governance）一词亦早已出现在东西方多个文明之中，但是现代意义上的"国家治理"概念诞生距今仅有寥寥数十年。这一概念的出现犹如一把钥匙，迅速打开了世界范围内国家治理理念和模式变化的"魔盒"：在过去30余年间，世界各国政府的治理方式经历了由"管理"向"治理"的转变；治理主体亦经历了由"一元"（仅依赖于政府）向"多元"（政府、社会组织和基层民众等多方参与）的转变；治理模式则经历了由"自上而下"（政府主导）向"自下而上"（基层民众主导），进而寻求"上下融合"的转变。中国国家治理的发展也大致遵循了上述历程：改革开放以来，党和政府始终坚持与时俱进的科学发展观，发展理念由早期的侧重经济发展逐步转向促进人与社会和自然的协同发展①，随之而来的是治理理念由"管理式"向"治理式"逐渐转变；长期的民主建设，特别是基层民主建设为基层民众和社会组织作为新的治理主体（"治理元"）参与到"多元治理"中营造了有利条件。2013年11月，党的十八届三中全会正式将"推进国家治理体系和治理能力现代化"列为我国全

---

① 特别是以中国共产党第十六次全国代表大会以来，"科学发展观"这一重大战略思想的形成为标志。

面深化改革的目标之一。

改革开放40年来，中国经济经历了前所未有的高速增长，广大人民群众的生活水平亦得到了显著改善。尽管社会生产力有所提高，但目前我国的经济发展仍是不平衡、不充分的，突出体现在地区之间经济发展的不平衡和城乡之间经济发展的不平衡。2017年10月18日，习近平总书记在党的十九大报告中指出："我国社会主要矛盾已经转化为人民日益增长的美好生活需要和不平衡不充分的发展之间的矛盾。"鉴于我国的贫困人口多集中分布在乡村地区，因而如何有效地解决"三农"问题是解决我国社会主要矛盾的关键所在（贾俊雪 等，2017；Qin et al., 2018）。实际上，改革开放以来，党和国家已为农村发展和缓解贫困做出了艰苦卓绝的努力，我国共有7.5亿人摆脱贫困，脱贫人数占同期世界脱贫总数的70%。[①] 为进一步解决"三农"问题，我国于2017年年底开始实施乡村振兴战略，并于次年2月公布中央一号文件，即《中共中央 国务院关于实施乡村振兴战略的意见》来全面指导乡村振兴战略的实施。其中，加快推进乡村治理体系和治理能力现代化被列为乡村振兴战略的重要组成部分和目标，成为"多元治理"模式在乡村基层的延伸。

从我国国情来看，"多元治理"和"乡村振兴"既有各自的侧重点，又是一脉相承、密不可分的，均是新时期党和国家发展农村经济、提高农民生活水平的积极尝试。以往研究对两者做出了有益的探索，但大多停留在定性分析和简单统计描述上，鲜有将两者放在统一的研究框架下进行分析，因而可能会忽略一些重要问题。因此，本项研究立足我国实践，以马克思主义为指导思想，科学运用定性分析与定量分析相结合、规范分析与实证分析相结合的研究方法，旨在较为全面地揭示出"自上而下"、"自下而上"和"上下融合"等3种多元治理模式的效果和作用机制，为优化完善我国治理体系、实现乡村振兴提供有益启示。

具体而言，本研究通过剖析西部大开发政策、集中连片特困区政策、农村专业合作组织的建立及农村发展扶贫项目的实施对农村经济和农民收入的影响，深入探讨了"自上而下"治理模式、"自下而上"治理模式和"上下融合"治理模式等3种"多元治理"模式对加快乡村振兴（侧重于农村经济发展和农民收入水平提高两个方面）的效果。经过数十年的探索，我国已经初步建立起包括政府、基层民众和社会组织在内的多元化国家治理体系；在

---

① 上述统计口径为我国官方口径，具体数字来自2020年10月19日外交部例行记者会中的发言。

广大乡村地区，形成了以基层党组织为核心、村委会为主体、社会组织为有机组成部分的农村多元化基层治理结构。尽管已经具备"多元治理"的主体，但是实践中"多元治理"模式对乡村振兴的效果如何，其制度设计的优化方向又应当在哪里？这些问题尚有待科学地分析与回答。需要说明的是，本研究的目的并非是选择出一种最优的治理模式，而是探讨如何完善各治理模式的设计，提高治理效率，最终实现乡村和国家的善治。简而言之，本研究主要有两个目标：第一，从经济发展和福利提升的视角出发，科学评估3种治理模式的效果；第二，深入剖析各治理模式的作用机制，并着重考察内部制度设计和外部制度环境等因素对其治理效果的影响。

1.2 基本概念

"治理"一词在很早之前就诞生于中西方文明之中，但是将现代意义上的国家治理概念引入公共经济学领域还是始于20世纪末。20世纪80年代以来，经济全球化的浪潮席卷了世界，对国家原有的经济基础和政府管理造成了巨大冲击；同时期全球非政府社会组织的发展和民主意识的广泛传播冲击了政府作为单一治理主体的社会认同，为国家治理主体的多元化提供了基础。信息技术的飞速发展提高了国家和民众获取信息的效率，为多元化国家治理结构的形成提供了物质保障。在经济全球化和信息技术革命的双重影响下，为重塑现代国家政府的合法性，政府在国家中所扮演的角色必需有所转变，即由"管理式"国家中的单一治理主体向作为"治理式"国家中多元治理主体的重要组成部分转变。

现代意义上的"治理"概念是由世界银行（World Bank）在1989年首次提出的。此后，学术界和各国际组织对如何认识这一概念进行了积极探索，其中代表性观点如下：①联合国全球治理委员会（1995）将治理定义为"管理共同事务的诸多方式的总和"，既是一个多元主体（包括政府、社会组织和个人）相互协调的过程，也是一种制度安排（包括正式的和非正式的）。②格里·斯托克和华夏风（1999）将治理定义为"一套社会公共机构和行为者"，不仅包括政府机关，也包括其他行为主体；同时强调了治理体系的明确性，指出需要明确界定各社会公共机构和行为主体的权力边界和它们之间的关系。③詹姆斯·罗西瑙（2001）认为："治理涉及社会一切领域，同样包含正式和非正式的制度安排，其主体是多元化的，以普遍接受的共同目标为导向。"

我国学者对"治理"的研究几乎是与国际组织同步的，其研究背景既有国际化的共性，又受到我国国情的影响。除经济全球化的冲击外，我国还经历了由计划经济向市场经济的转型，因此更加迫切地需要推进国家治理的现代化。改革开放以来，特别为填补生产队解散之后农村经济组织的缺失，我国农村的社会组织发展迅速，并逐步确立了村民自治组织及农村专业合作组织等基层社会组织的合法地位[①]。目前，我国农村基本形成了以基层党组织（村党支部）为核心，村民自治组织（村委会）为主体，社会组织（农村专业合作组织为代表）为有机组成的多元化基层治理体系[②]，随着社会组织广泛地参与到经济活动中，其成为治理主体的诉求也与日俱增。2013年11月，党的十八届三中全会首次提出"国家治理体系"和"国家治理能力"的概念。自此以后，我国学者对"治理"进行了深入探讨。总体而言，目前已形成了摒弃"狭义治理"概念——将治理等同于政府一元治理，而接受"广义治理"概念——包含政府、社会组织和基层民众的多元治理的一致意见。

本研究所使用的"治理"同样是指广义上的治理。具体而言，本研究将"治理"定义为：以共同目标为导向，既是包括政府、基层民众和社会组织在内全社会各主体相互协调的一个持续过程，也是促使国家治理体系和治理主体关系更为合理化的一种制度安排。这种定义包括以下几层含义：①治理的主体是多元的，尽管在现阶段政府依然是最为主要的治理主体，但是社会组织和基层民众已经成为同样不可或缺的治理主体，可以通过与政府的互动来影响社会和国家的发展方向；②治理的客体是公共资源配置、公共事务处理和对政府组织与非政府组织自身的管理；③治理的方式是多元主体间的协调；④治理目标是一系列得到治理主体广泛认同的共同目标，包括社会稳定、经济发展和国家安全等。

---

① 截至2015年年底，我国共建立村委会58.06万个，登记在册的农村专业合作组织11.05万个。农村专业合作组织形式多样，包括专业协会、专业合作社和股份合作社等类型。
② 一些研究也将上述治理主体进行了分类。例如，张艳娥（2010）从政权本位和社会本位视角出发，将我国农村基层治理主体划分为制度性治理主体（包括村党支部和村委会等）和非制度性治理主体（包括各种农村社会组织和农村宗族等）。

1.3 基本内容

1.3.1 研究方法

本研究立足我国实践,以马克思主义为指导思想,有选择地吸收了西方经济学中先进的研究范式和工具。首先采用文献研究法,对国家治理和乡村振兴相关文献做系统的归纳总结,构建本研究的逻辑框架,找到研究的突破口;广泛采用比较分析法,其中包括时间上(治理政策实施前后)的比较、空间上(政策实施区域与其他区域)的比较及不同治理模式间的比较;科学运用定性分析与定量分析相结合、规范分析与实证分析相结合的研究方法——既给出较为直观的证据,又辅以科学严谨的论证结果;既通过规范研究深入剖析各种治理模式的作用机制,又利用实证分析检验其实际效果,以期能够较为全面地揭示出各治理模式的效果和作用机制,为优化完善我国治理体系、实现乡村振兴提供有益启示。

1.3.2 技术路线

图1-1绘制了本研究所采取的技术路线(逻辑框架)。

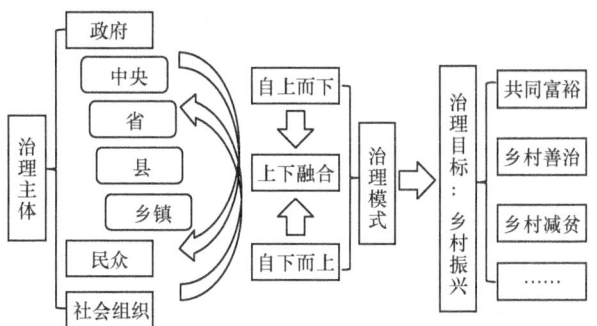

图1-1 多元治理、财政政策与乡村振兴研究的技术路线

如图1-1所示,本研究以多元治理理论为逻辑起点,基于各治理主体(主要是政府、民众和社会组织)在治理模式中所扮演的角色,将治理模式区

分为政府主导的"自上而下"治理模式、民众和社会组织发起的"自下而上"治理模式及两种模式相结合的"上下融合"治理模式;作为现代化治理体系在农村地区的体现,其治理的最终目标为实现"乡村振兴",其中包含共同富裕、乡村善治和乡村减贫等诸多细化目标①;本研究以西部大开发政策("自上而下"瞄准至省)、集中连片特困区政策("自上而下"瞄准至县)、农村专业合作组织(社会组织主导的"自下而上")和农村发展扶贫项目("上下融合")等4项具体政策为切入点,分别考察了3种治理模式的治理效果(主要包括农村经济发展、农民收入水平改善和农村基层治理体系构建等方面),并深入剖析了各自的作用机制;最后,基于研究结果,为完善优化我国治理体系、实现乡村振兴提出政策建议。

1.3.3 主要内容

本研究共由7个部分组成。除本章导论外,第2章文献综述部分梳理了国内外关于治理的研究成果。第3章和第4章具体考察了"自上而下"治理模式——第3章以西部大开发政策为例,探讨了由中央瞄准到省的治理模式;第4章则以集中连片特困区政策为例,研究了由中央瞄准到县的治理模式。第5章着眼于社会组织在"自下而上"治理模式中的作用,特别关注农村专业合作组织所推动的治理变革。第6章基于农村发展扶贫项目的实践,探讨了如何有效促进"自上而下"和"自下而上"两种治理模式的融合,进而形成"上下融合"的新模式。第7章为本研究的总结与政策建议部分。

具体而言,各章节的主要内容如下。

第2章通过文献梳理对国内外治理理论的发展和成果进行总结和评述,为后续研究提供政策背景和理论上的支持。

第3章旨在深入剖析西部大开发政策对西部地区经济发展和农户增收的影响,借此研究"自上而下"治理模式的效果及其作用机制。为有效解决内生性问题,本章利用断点回归的计量策略,估算出西部大开发政策对西部地

---

① "乡村振兴"是一个内涵非常丰富的概念,包含城乡融合发展、共同富裕、质量兴农、乡村绿色发展、乡村文化兴盛、乡村善治和乡村减贫等多个目标。由于篇幅和数据限制,本研究仅关注于共同富裕、乡村善治和乡村减贫等方面。

区经济的影响，并深入剖析了其作用机制。分析表明：①西部大开发政策显著加快了西部地区的经济发展速度；②这种增长主要来源于财政政策和金融政策的支持，以及由此推动的西部地区工业化水平的提升，但并非是由第一产业推动的；③进一步来说，经济发展的成果没有切实惠及农村人口，农民人均纯收入增速并未显著提高，意味着西部大开发这种"自上而下"治理模式对于落后省域的经济发展起到了一定作用，但这种经济增长的益贫性并不明显。

随着扶贫主体的基层化，特别是"精准扶贫"思想的逐步深化，"自上而下"治理模式逐步由省域瞄准下沉至县。那么，相比于省域瞄准，这种改进是否能在促进贫困地区经济增长的同时使之具有益贫性呢？为此，第4章旨在深入剖析集中连片特困区政策对连片特困地区经济发展的影响，由此来考察"自上而下"的治理主体下沉至县时的效果及其作用机制。与第3章类似，研究同样受到内生性的困扰；针对这一问题，本章采用双重差分的方法对其进行矫正。研究结果表明：①集中连片特困区政策显著加快了连片特困地区的经济发展速度，且这种经济增长具有较强的益贫性，显著提高了贫困农户的收入水平，提升了其福利水平；②三次产业均获得显著发展，特别是第二产业发展尤为明显，显著改善了辖区内的经济结构；③财政政策和金融政策在其中均发挥了举足轻重的作用。

第5章旨在深入剖析农村专业合作组织对农村经济发展和农户增收的影响，借此研究"自下而上"治理模式的效果，为优化完善我国农村基层治理体系提供良好的理论借鉴。研究结果表明：①农村专业合作组织总体上并没有在促进农村经济发展和农民增收方面发挥显著的积极作用；②组织制度安排对农村专业合作组织的增收效果具有重要影响：引入分红机制和加强组织民主建设可明显改善农村专业合作组织的增收效果，立足本村需求建立的农村专业合作组织更有利于促进农民增收；③外部制度环境亦具有重要影响——由村委会作为组织发起人有利于发挥多元基层治理机制的互补作用，提升专业合作组织的增收效果；④所在村庄与上级政府的关联度越高，农村专业合作组织的增收效果越差。这对于完善农村基层治理体系以更好地实现乡村振兴具有良好启示。

第6章旨在考察农村发展扶贫项目对农户增收的影响，由此深入探讨"自上而下"与"自下而上"两种治理模式如何有机地融合在一起，从而弥补单一扶贫机制的不足。20世纪80年代中期以来，我国扶贫政策从单纯的"输血式"逐步转向"造血式"为主；扶贫模式亦经历由政府主导的"自上而下"模式向民众积极参与的"自下而上"模式，进而向"上下融合"模式转变。这一转变是基于中国国情和对贫困问题认识不断深化的结果，也是当前精准扶贫战略的根本要求。本章研究表明：①通过融合"自上而下"和"自下而上"两种治理模式，农村发展扶贫项目提高了扶贫瞄准度，产生了较好的治理成效，农户收入显著增长；②组织制度安排对"上下融合"治理模式的增收效果具有重要影响：小额信贷对贫困村农户增收具有积极的促进作用，资本补贴的影响则很弱；引入资金配套机制不仅显著增加了贫困村农户人均纯收入，也明显改善了资本补贴的扶贫效果；增强村级民主有利于更好地发挥这两种治理模式融合的扶贫效果。这对于完善基层治理体系，提高基层治理能力，助力乡村振兴战略具有良好启示。

作为研究的总结部分，基于前面章节的结论，第7章就如何提升、改善3种模式的治理效果，从而为推进国家治理体系和治理能力现代化及实现乡村振兴提出一些政策建议。①对"自上而下"治理模式而言：一是要坚持推进治理主体基层化，利用基层主体的信息优势，更好地发挥"自上而下"治理模式的效果；二是应继续完善财政、金融和产业政策的设计，更好地助力相对落后地区的发展，积极巩固来之不易的全面脱贫成果，从而切实助力脱贫攻坚与乡村振兴相衔接。②对"自下而上"治理模式而言：一是应进一步优化健全治理主体的内部制度安排，优化内部治理结构——充分认识到会费制度的两面性、合理确定会费标准；适当引入分红机制以激发农户的主体积极性，提高农户获取和利用新技术的效率；切实加强组织内部民主决策和民主监督机制建设，以有效避免"精英捕获"等"异化"现象，保障农户合法权益；更加注重不同村庄农户的异质性需求；二是应营造有利于社会组织，特别是农村专业合作组织发展的良好外部环境——通过制定相关的法律法规明确规范上级政府及村委会和专业合作组织等多元基层治理主体的关系。③对"上下融合"治理模式而言：一是应继续优化完善"上下融合"治理机制——应充分发挥政府在扶贫工作中的引导和服务作用，提供良好的政策和资金支持及科学的技术指导；应继续加强我国农村民主建设，充分发挥村民在村级事务的决策、管理和监督中的主体作用，更好地提升扶贫项目规划和扶贫资金使用的精准性；二是应继续优化完善扶贫政策手段——在扶贫资金的拨付形式上，除传统的转移支付方式外，应更加积极地运用小额信贷这一扶贫方式，有效激发贫困农户的参与热情；适度引入资金配套机制，以充分发挥扶贫政策的激励效应；逐步增加帮扶力度，确保那些具有脱贫意愿的村庄能够得到科学的技术指导和较充裕的资金支持，但应充分尊重农户依据自身特点和实际情况制定的发展扶贫规划，切实避免政府部门的不合理干预；设计更为科学合理的机制，以有效避免因贫困农户能力缺失而将其排除在外。

1.4 研究特色与不足

本研究的特色之处主要有以下两点。

第一，分析框架的创新。本研究尝试以财政政策为桥梁，将多元治理模式与乡村振兴两者有机联系到一起。改革开放以来，我国政府一直致力于推进国家治理体系现代化和促进乡村发展。与以往单独对治理体系和乡村发展的研究不同，本研究认为两者是一脉相承的：多元治理模式是乡村善治的必由之路，而乡村善治又是乡村振兴的有机组成部分。因此，本研究由治理主体的特征出发，区分出不同的治理模式，分别研究了这些模式对乡村振兴的影响及其作用机制。

第二，研究方法的创新。本研究采用了目前国际上较为前沿的计量策略，包括断点回归设计、双重差分回归和倾向得分匹配法等方法，在一定程度上丰富了上述方法在实践中的应用。基于此，本研究立足我国国情，利用国际前沿经济学研究方法为研究中国问题服务，从而较为科学合理地揭示出不同的治理模式对乡村振兴的影响。

改革开放40多年来，我国在经济社会的方方面面均取得了日新月异的发展，与国家治理和乡村振兴相关的理论和实践同样层出不穷；鉴于此，从任何一个视角试图穷尽两者的关系都难免是杯水车薪，甚至有以偏概全之嫌。本项研究也不例外，尽管已经付出很大的努力，但是仍然存在一些不足之处：第一，在考察农村专业合作组织和农村发展扶贫项目时，本研究均是以村为研究对象，虽然已经得到较为丰富的结果，但由于缺少微观数据（农户数据），难以更进一步进行深入分析，从而得出更为丰富的结论。第二，乡村振兴是一个非常庞大的概念，也是一项任重道远的战略。囿于篇章和数据限制，本研究仅从乡村善治、共同富裕和乡村减贫等角度入手,对乡村振兴加以研究;但是,乡村振兴的其他组成部分及各部分之间的关系同样值得关注。今后,在获取更丰富数据的基础上,更深入地剖析治理模式与乡村振兴之间的关系,以及乡村振兴其他组成部分之间的联动,这无疑是两个非常重要的研究方向。

第2章
文献综述

2.1 国外研究综述

2.1.1 治理

20世纪90年代以来,世界范围内的治理变革方兴未艾,引起了各国政府和学术界的广泛关注。随着治理主体由"一元"(仅依赖于政府)向"多元"(政府、社会组织和基层民众共同参与)转变,传统的纵向"科层制"治理结构亦向横向"社会网络"结构转变。全球化和信息技术的发展既是这一治理变革的诱因,又是将这种变革推向世界的推手,加速了各国的治理变革,激发了治理理论和实践的创新。目前,国外学者对治理的研究大致可以分为3类,包括治理兴起的背景、内涵和实现途径。

(1) 背景

"治理"理论在西方国家的兴起具有诸多原因。20世纪30年代起,凯恩斯主义的国家干预理论逐渐盛行于西方,但是随着"滞胀"情况的出现,国家干预理论显得束手无策,导致西方国家出现了一系列的经济危机。第二次世界大战之后,福利国家的建立进一步加重了国家的经济负担。面对经济下行压力,政府依然需要维持较高水平的课税以保障国民的福利。与此同时,经济全球化和新兴发展中国家的迅速发展为西方发达国家的资本提供了投资的目的地。在这样一种内外环境下,为维护国家的统治,西方各国掀起了一股"将国家权力向社会归还"的思潮。与此同时,国际组织和社会组织的发展为多元治理提供了主体基础，信息技术的发展为多元治理主体相互协商、实现共治提供了技术支持。因此，也有的学者将治理理论的诞生主要归因于社会经济发展的倒逼（吴志成，2003）。在这一思潮中，詹姆斯·罗西瑙（2001）的观点最具代表性，他认为"以国家为中心的体系将会终结，'中央集权制'治理将被'多元'治理所取代。"

（2）内涵

"治理"（Governance）一词起源于希腊语，原意是指控制和操纵。长期以来，"治理"被当作"统治"（Government）的同义语；特别是政治学中将"治理"定义为一种统治行为，既是确定政府统治权威的规则，又是政府公共管理制度的总和（俞可平，2006）。1989年，世界银行（World Bank）首次提出了现代意义上的"治理"概念。此后，治理理论的创始人詹姆斯·罗西瑙（2001）对"统治"和"治理"进行了区分：两者都是为管理公共事务而形成的一系列制度安排，但是前者的主体是政府，须依靠国家的强制力量来实现，而后者则是多主体以共同目标为导向进行的活动。由此可见，相较于政府的一元统治，多元治理的内涵更为丰富，在治理主体和治理范围上进行了极大的拓展。通过在内涵上区分"统治"和"治理"，詹姆斯·罗西瑙（2001）进一步将"治理"定义为："一系列活动领域里的管理机制，它们虽未得到正式授权，却能有效发挥作用。"换言之，"治理"既包括政府主导的正式管理机制，也包括非政府主导的非正式管理机制。

现代意义上的治理是全球化的产物，亦是由国际组织率先提出的，众多国际组织对"治理"的内涵也进行了广泛探索，形成了一些代表性观点：①1995年，联合国全球治理委员会将"治理"定义为"管理共同事务的诸多方式的总和"，其既是一个多元主体相互协调、消除矛盾并实现协作的过程，也是一种囊括所有正式的和非正式的制度安排总和。②同年，经济合作与发展组织（OECD，1995）指出，"治理"是"社会（多元主体）为有效管理社会发展相关资源而使用和规范政治权威的制度安排"。③1997年，联合国开发计划署（UNDP，1997）将"治理"定义为一种制度和过程的总和，"政府机关得以在各个层级管理国家事务，公民个人和社会组织可以有效表达自身诉求、维护合法权利，同时各主体之间的矛盾能够得到有效协调"。④2006年，世界银行（World Bank，2006）将治理定义为"一个国家行使权威的传统与制度的集合"。

除国际组织外，西方学术界也对"治理"的内涵进行了深入探讨。罗伯特·罗茨（1996）认为"治理"是"统治"的发展，是"一种高级的管理方式"，也意味着"一种新的统治过程"。"治理"理论的提出丰富了统治的含义，强调各主体间通过协调实现社会的自治。格里·斯托克和华夏风（1999）将治理定义为"一套社会公共机构和行为者"，不仅包括政府机关，也包括其他行为主体；同时强调了治理体系的明确性，指出需要明确界定各社会公共机构和行为主体的权力边界和它们之间的关系。Salamon（2002）认为，治理是一种工具，可以更有效地为社会提供公共服务，促进"科层制"管理结构向"网络化"管理结构转变。Pierre和Peters（2010）指出，"治理是公共部门和私人部门行为之间的互动及行政管理部门和企业之间的互动"。

西方学术界和国际组织对"治理"内涵的研究不胜枚举，但是万变不离其宗，从上述的讨论中我们可以找到其研究成果的几点共性。首先，治理的主体是多元的，政府只是其中的一个主体，社会组织和公民个人都将参与其中；其次，各主体间是一种协商关系，而不是管理与被管理的关系，社会矛盾需要协商解决，从而实现全社会的共同目标；最后，治理目标必须符合各主体的广泛利益，这是治理的"合法性"所在，因此不需要国家强制力作为其保障。

（3）实现途径

对于如何实现"治理"，西方学者也进行了深入的探讨。鲍勃·杰索普（1999）根据多元治理的理念首次提出了"元治理"的概念，认为现代化治理的核心在于如何协调治理主体间的关系。塞缪尔·亨廷顿（1998）强调了法律在治理中的重要性，指出治理的实现要以合法的公共秩序为依托。弗朗西斯·福山（2007）则认为要想实现国家的治理首先应该实现"国家的构建"，指出"政府的软弱无能是造成治理问题的根本原因，因此，国家治理的核心是国家能力的重塑。"以戴维·奥斯本和特德·盖布勒（2006）为代表的新公共管理学派认为，实现治理要以有效提供公务服务为核心目标，以在治理中引入市场机制和企业管理方式为途径，最终实现国家的有效治理。B. 盖伊·彼得斯（2013）提出未来政府治理模式的4种构想，即市场式政府、参与式政府、弹性化政府和解制型政府。在不同的治理模式中，政府和其他治理主体之间的关系是截然不同。B. 盖伊·彼得斯（2013）认为，不同国家具有不同的历史背景和特殊国情，因此，实现治理的途径不应只有一条。上述的各类模式为不同的国家提供了适合本国国情的治理途径。

2.1.2 乡村治理

西方国家的乡村建设历史较为悠久、现代化水平较高，虽然其发展模式具有本国的烙印，但是整体上已经形成了较完备的基层治理体系；特别是在我国乡村振兴战略实施初期，西方国家业已形成的乡村治理模式对我国的乡村治理具有一定的启发和借鉴作用。总体而言，国外的乡村治理经验可以归纳为4个方面：第一，政府是乡村治理的推动者，通过法规指导和资金支持等手段为乡村治理保驾护航。例如，20世纪50年代，德国出台了《土地整理法》，将乡村建设作为国家发展的重要组成部分；同时期，荷兰出台了《土地整理法》和《空间规划法》，通过法律手段严格划分了各治理主体间的权责；1998年，加拿大出台了《农村协作伙伴计划》，加大了对农村基础设施和农民福利问题的关注（Van den Noort, 1987; Deunk, 2002; Van Dijk, 2007; 郭亨孝, 2006）。第二，确立农村合作组织的合法地位，为现实乡村多元治理提供制度保障。纵观世界上乡村治理颇有成效的国家，无一例外地建立了以农村合作组织为核心的社会团体。在与市场和农户的联系上，农村合作组织具有自身的优势，在维护农户权益、完善自我治理和实现农业现代化等方面具有重要作用（刘金海, 2016）。第三，鼓励基层民众参与，重视乡村精英作用。乡村治理的本质是基层治理"合法性"的再造，因此只有确保基层民众的广泛参与才能实现这一目标。这一方面与我国的基层自治组织相类似，德国等国家亦实行了村民选举等制度，这对于其乡村治理的成功起到了重要作用。另外，对乡村精英的作用应该辩证看待。一方面要将其作用的发挥限定在法律范围内；另一方面要重视其在民间的影响力。例如，在日本的"造村运动"中，精英就发挥了带头作用（Fujimoto, 1992; Knight, 1994）。第四，城市带动乡村，城乡共同发展。城市具有资金和技术优势，在发展经验和发展水平上值得乡村借鉴。

2.2 国内研究综述

2.2.1 治理

国内学者对治理的研究同样大致可以分为 3 类,即治理兴起的背景、内涵和实现途径。

(1) 背景

与国外研究背景相类似,我国对于治理的研究同样受到诸多国内外因素的影响。国际方面,改革开放以来,经济全球化的浪潮同样为我国带来了西方多元治理的思潮;国内方面,我国经历了由计划经济向市场经济的转型,各主体间的权力分配和社会职能划分发生了较大变化,一些领域内的职能重叠和真空制约了我国经济的进一步发展,因此迫切需要推进国家治理的现代化。同时,改革开放以来,为填补生产队解散之后农村经济组织的缺失,我国的社会组织发展迅速,并逐步确立了村民自治组织及农村专业合作组织等基层社会组织的合法地位。随着社会组织广泛地参与到经济活动中,其成为治理主体的诉求也与日俱增。2013 年 11 月,党的十八届三中全会首次正式提出"国家治理体系"和"国家治理能力"的概念。自此以后,我国学者对"治理"进行了深入探讨。

(2) 内涵

与西方学者的研究相类似,我国学术界对"治理"内涵的研究也是以治理主体的多元性为基础逐步展开的,并以治理的本土化为研究重点。丁志刚(2014)将"治理"区分为广义治理和狭义治理,其中,"广义治理是指遵循既定秩序,为实现共同目标,多元主体对社会进行管理并相互协调;狭义治理则是指传统意义上的政府统治。"高小平(2014)将治理主体划分为政府、市场和社会 3 个部分,并由此出发将"治理"定义为 3 个主体之间的有效协调。与上述分类不同,何增科(2014)将治理主体划分为"政权所有者、管理者和利益群体",但是同样认为治理的内涵是上述多元主体对公共事务进行合作管理。

另外,一部分学者在研究"治理"的内涵时强调我国的治理需要立足于国情,必须与我国实践相结合。何增科(2002)认为,与西方国家不同,我国的社会经济发展有其特定的规律，因此不能照搬西方的治理理论，必须将治理理论与我国国情相结合，即实现治理的中国化。唐皇凤（2009）指出，治理需要适应一个社会的历史和文化背景，我国应该建设具有中国特色的治理体系。许耀桐和刘祺（2014）则更进一步将我国的"国家治理体系和治理能力现代化"与之前提出的"工业现代化"、"农业现代化"、"国防现代化"和"科技现代化"并列为"第五个现代化"。

（3）实现途径

在实现途径上，我国学者普遍认同应该坚持"多元化"的治理道路，但是对于各治理主体的角色划分尚存在分歧。

第一种观点认为"多元治理"仍需以政府为主导：唐兴军和齐卫平（2014）将治理主体分为4类，包括政府、市场、社会组织和公民个人，并指出国家治理现代化需要实现上述四者的协调，但政府在其中仍处于主导地位。许海清（2013）根据我国改革开放以来的经验，将治理分解为具体领域的模块，从经济、政治、文化、社会、生态、国防和党等角度出发，对各自领域的治理加以讨论，指出各领域的治理均离不开政府的推动，因此政府是治理的核心。俞可平（2014）认为，我国的治理模式具有自身的特殊性，这来自于我国改革发展的国情；与其他领域的改革相类似，我国治理的变革应该是"增量式的"。在这种改革模式中，我国的治理始终处于党的领导之下，因此政府必将处于治理的中心位置。王浦劬（2014）和陈春常（2014）亦持有相同观点，并强调了马克思主义在实现多元治理中的指导作用，认为我国的治理必须要以坚持马克思主义为前提。

第二种观点则认为我国治理的实现需要更多依赖政府以外的主体。张明亮（2001）认为，治理理论的核心思想在于突破一元治理的束缚，因此实践中也需要切实发挥其他治理主体的作用，真正实现多元治理。江必新（2014）在讨论各主体间关系的基础上，建议我国政府通过权力下放，从而让其他的治理主体能更多地参与到治理中来。

2.2.2 乡村治理

与欧美国家相比，我国的乡村治理起步较晚，其出现和发展都具有浓重的中国特色。徐勇（2003）以治理理论为基础，结合中国农村的实际情况第一次提出了"乡村治理"这一概念,并指出我国的乡村治理道路是治理理论发展和农村实践变化相互作用的选择。贺雪峰等(2007)进一步指出,家庭联产承包责任制的施行和村民自治组织的发展是促使我国乡村治理研究兴起的根源。具体而言,党的十一届三中全会以来,我国全面实施了家庭联产承包责任制,替代了原有的人民公社制度,从而赋予农户完全的生产经营自主权,为我国农村发展注入了新的活力。然而,随着生产经营由高度集中转变为高度分散,一方面农户面临着公共服务缺失的问题;另一方面农户难以独自面对千变万化的市场。为弥补生产队解散造成的乡村行政组织缺失,村民自治组织(村委会)应运而生;为弥补农村经济组织的缺失,各类型的农村专业合作组织逐渐出现。

与治理相类似,多数学者认为我国乡村治理的逻辑起点应当是多元化治理,强调多元主体在乡村治理中的作用(金太军,2002)。[①] 徐勇(2007)和陈晓莉(2011)认为,乡镇政府和村民自治组织(村委会)在多元治理中应分别扮演"整合者"和"统筹者"的角色,有效整合各多元主体,协调主体间的矛盾。党国英(2008)指出,现阶段,乡镇政府和村委会在乡村治理中仍处于主导地位,但是民间社会组织在乡村治理中的重要性与日俱增,起到了桥梁作用,将基层政府、市场和农民紧密联系起来。苏敬媛(2010)强调了民间组织在乡村治理中的作用。王春光(2015)和刘金海(2016)则将乡村精英也视为一类治理主体,成为村委会和社会组织之外的第三类乡村治理主体。

为了区分各主体间的差异,我国学者尝试将乡村治理模式进行分类。其中,贺雪峰和董磊明(2005)将乡村治理类型划分为4类:原生秩序型、次生秩序型、乡村合谋型和无序型。刘金海(2016)根据治理主体的变化将乡村治理模式划分为3类:一般模式、发展模式和创新模式。沈费伟和刘祖云(2016)通过国际比较,将乡村治理模式总结为8种:因地制宜型、自主协同型、循序渐进型、精简集约型、生态环境型、综合发展型、城乡共生型和伙伴协作型。这些分类模式虽然较好地反映出乡村地区治理主体间的"横向"关系,却忽略了我国科层制国家结构的特征,即未考虑与更高层级政府间的"纵向"关系。因此,本研究将针对这一点加以完善。

[①] 关于乡村治理主体(或农村基层治理主体)更详细的文献综述请参见苏昕等(2012)、王少宇和居占杰(2016)及杨蔚(2017)。

2.3 小结

通过对国内外文献的梳理，本章总结出"治理"理论的发展脉络。首先，我国正处在国家治理体系构建与完善的关键时期，上述探讨，特别是国家善治的实现途径对于我国今后治理体系的优化完善具有重要参考意义。其次，本章揭示了治理与乡村治理的关系，即乡村治理是国家基层治理的重要组成部分，是治理在乡村的延伸；与此同时，乡村振兴战略也将乡村善治作为其重要目标。最后，考虑到既有研究对于治理模式的分类多基于横向比较，而忽视了纵向主体间的关系，因此，本研究依据治理主体的差异将我国的治理模式分为"自上而下"、"自下而上"和"上下融合"3种。目前，这3种模式对于农村经济和农民收入的影响普遍缺乏较为翔实的研究，因此无法为乡村振兴战略提供较为有益的参考。针对这一不足，本研究将运用科学合理的研究方法加以补充。

第3章
"自上而下"治理模式：省域瞄准

长期以来，学术界和各国政府一直在积极探索适合本国的治理模式，以发展国家经济和提高人民生活水平。过去数十年间，学术界和世界各国就均衡发展战略与非均衡发展战略展开了探讨和尝试。改革开放以来，中国政府的发展战略亦经历了由非均衡发展战略向均衡发展战略的转变。改革开放之初，为加速东部沿海地区的发展，我国实施了区域差异化发展政策。初期，政策的实施极大地促进了我国经济的腾飞，但随着政策的推进，其引致的东西部发展不均逐渐成为制约整体发展的症结所在。为解决好这一问题，我国政府在2000年开始实施西部大开发政策，旨在提高西部12个省区的经济发展和人民生活水平。鉴于政府在其中扮演着战略制定者和推进者的角色，因此这是一种典型的"自上而下"治理模式。

本章旨在深入剖析西部大开发政策对西部地区经济发展和农民增收的影响，借此研究"自上而下"治理模式的效果，为优化完善我国治理体系提供良好的理论借鉴。具体而言，本章利用断点回归设计有效地解决了内生性问题，估算了西部大开发政策对西部地区经济的影响，并深入探讨了其作用机制。本章的结构安排如下：第3.1节介绍了西部大开发的政策背景；第3.2节给出本章的计量策略，并介绍了数据和变量；第3.3节给出实证结果；第3.4节进行机制分析；第3.5节为本章的结论部分。

3.1 政策背景

长期以来，世界各国都在致力于解决地区间发展不平衡问题，从而提高国家的经济发展水平、惠及更广泛的人口。在中国，地区间的非均衡发展问题主要体现在东部地区发展较快而西部地区则较为落后。与东部地区相比，西部地区具有较为明显的天然区位劣势——一方面远离海洋、较为闭塞；另一方面地形复杂、生产条件落后。① 但是，这一差异在改革开放（1978年）以前并未导致东西部经济发展水平的显著差异，尤其是在农业领域。其原因在于：①我国当时在人民公社制度下实行了集体所有、统一经营的土地制度，缺乏对农民的激励；②为补贴工业，农产品市场实行了"统购包销"的采买制度，工农业产品之间存在着严重的剪刀差，抑制了农产品的生产；③严格的城乡户籍制度限制了人口流动，农村剩余劳动力得不到释放。在上述因素的作用下，农村贫困是一个全国性的问题，区域发展差异并不明显。

改革开放以来，由于我国实行了非均衡发展战略，东部地区得以飞速发展，东西部之间在经济发展和人民生活水平上的差距逐渐增大：1978—1995年，东西部地区人均国内生产总值的差距由212.9元扩大为5057.6元，而农民人均收入的差距则由1.28∶1扩大为2∶1。截至1999年，西部地区包含了我国71.4%的陆地国土面积及28.8%的人口。就是这样一个地广人稀、地理状况复杂的地区，覆盖了我国90%的贫困人口，592个国家级贫困县中有80%位于这一地区。

西部大开发政策的实施是国内和国际多种因素共同作用的结果。首先，在国内方面：①一个落后的西部地区制约了我国未来整体的发展能力。非均衡发展战略为我国经济的腾飞和工业化体系的建立做出了巨大贡献，但是由此导致的西部地区生产条件落后不仅不利于西部地区自身的发展，其居民有限的购买能力也限制了整个国内市场的扩大。为实现我国的均衡发展和人民共同富裕的目标，西部地区的治理刻不容缓。②一个落后的西部地区不利于社会的稳定。20世纪90年代，国企改革造成大量职工下岗，西部地区落后的经济环境导致大量人口涌向东部地区，这对于东西部的社会环境都是一种冲击。为实现社会稳定，西部地区的发展问题亟待解决。③一个落后的西部地区不利于生态环境的保护。面对东部地区的快速发展，西部地区为加速追赶难免出现过度开发的情况。这种情况西部自身无法扭转，需要中央利用"自上而下"的治理模式加以解决。其次，在国际方面，经济全球化和加入WTO

---

① 60%以上的西部地区属于山地和丘陵地形，极大地限制了农业和工业的发展。

也促使我国必须实施西部大开发政策。经济全球化趋势推动了世界经济和贸易的发展，为欠发达地区的发展提供了机遇。但是，这种机遇也伴随着挑战，尤其是加入WTO将导致我国逐步取消对国内农产品的保护。与东部沿海地区相比，西部地区发展起步较晚，在国际市场上的竞争意识和综合实力较弱，因此需要尽快提升其竞争力，从而在国际化的大潮中抓住机遇、保护自己。此外，改革开放和财税体制改革为西部大开发提供了保障——一方面，前期非均衡发展战略加速了我国经济的发展，为西部分享东部的经验成果提供了可能；另一方面，1994年的分税制改革使得中央财力不断增强，为中央采用"自上而下"的治理模式、实施西部大开发战略提供了强有力的资金保障。因此，我国有必要也有能力通过实施西部大开发战略实现对西部地区的治理。

1999年6月，江泽民总书记在西安发表重要讲话时指出："加快开发西部地区，对于推进全国的改革和建设，对于保持党和国家的长治久安，不仅具有重大的经济意义，而且具有重大的政治和社会意义。"同年11月召开的中央经济工作会议正式提出"西部大开发"这一概念，并将其列为未来几年经济工作的重点。2000年1月，由朱镕基总理担任组长，国务院成立了"西部地区开发领导小组"来统筹西部地区开发工作（Holbig, 2004）。同年10月，《国务院关于实施西部大开发若干政策措施的通知》的出台标志着我国的西部大开发战略正式实施。西部大开发政策覆盖我国西部12个省、自治区和直辖市，包括四川省、陕西省、甘肃省、青海省、云南省、贵州省、重庆市、广西壮族自治区、内蒙古自治区、宁夏回族自治区、新疆维吾尔自治区和西藏自治区，同时湖北省的恩施土家族苗族自治州、湖南省的湘西土家族苗族自治州及吉林省的延边朝鲜族自治州也被纳入西部大开发的政策中。

自2000年起，为切实推进和落实西部大开发战略，国务院、财政部、国家税务总局和海关总署等政府部门分别出台了一系列具体支持政策。其中，西部大开发政策被国务院列入"十一五"、"十二五"和"十三五"3个五年规划之中，当作重中之重来执行；财政部、国家税务总局和海关总署分别在2001年、2006年和2011年制定并更新了《西部大开发税收优惠政策适用目录》，为在西部大开发政策中受鼓励的产业提供税收优惠。表3-1详细总结了2000年至今出台的西部大开发主要政策。

表 3-1 西部大开发主要政策汇总

政策全称	政策编号	发函单位	生效日期
国务院关于实施西部大开发若干政策措施的通知	国发〔2000〕33号	国务院	2001-01-01
国务院西部开发办关于西部大开发若干政策措施的实施意见		国务院西部开发办	2001-08-28
财政部、国家税务总局、海关总署关于西部大开发税收优惠政策问题的通知	财税〔2001〕202号	财政部、国家税务总局、海关总署	2002-01-01
国家税务总局关于落实西部大开发有关税收政策具体实施意见的通知	国税发〔2002〕47号	国家税务总局	2002-05-10
国务院关于进一步推进西部大开发的若干意见	国发〔2004〕6号	国务院	2004-03-11
财政部、国家税务总局关于西部大开发税收优惠政策适用目录变更问题的通知	财税〔2006〕165号	财政部、国家税务总局	2006-01-01
国务院关于西部大开发"十一五"规划的批复	国函〔2007〕6号	国务院	2007-01-23
中共中央 国务院关于深入实施西部大开发战略的若干意见	中发〔2010〕11号	国务院	2010-06-29
财政部、海关总署、国家税务总局关于深入实施西部大开发战略有关税收政策问题的通知	财税〔2011〕58号	财政部、海关总署、国家税务总局	2011-01-01
国务院关于西部大开发"十二五"规划的批复	国函〔2012〕8号	国务院	2012-02-13
国务院关于西部大开发"十三五"规划的批复	国函〔2017〕1号	国务院	2017-01-05

数据来源:"北大法宝"数据库及作者整理。

通过政策梳理发现,尽管我国政府在不同时期对西部大开发战略的阐述有所不同,但是其主要政策内容具有持续性。具体而言,首先,西部大开发政策旨在改善西部地区基础设施水平,为加快西部地区发展打好基础,特别强调加强农业和农村基础设施建设,加快改善农民生产生活条件。根据国家发展改革委的统计,截至2012年年底,西部大开发政策在西部地区铺设柏油路169万km,建成高速公路和铁路里程分别为29万km和1.27万km,新建机场29座。其次,西部大开发政策致力于调整西部地区产业结构,积极发展有特色的优势产业。尽管在总体规划中强调要促进各产业、各部门协调发展,但是其重点还是在于实现西部地区的工业化。这一点体现在《西部地区产业扶持目录》中。其中，各产业受扶持行业占比不同——就 2001 年的目录来看，其中 516 个受扶持行业中，第一产业仅占 48 个，第二产业为 440 个，第三产业共 28 个。由此可见，我国政府试图通过第二产业的发展来吸收西部地区的劳动力，从而带动西部地区的发展。最后，西部大开发政策还强调要大力加强科技、教育、卫生、文化等社会事业，促进经济和社会协调发展。

3.2 计量策略、数据与变量

3.2.1 计量策略

本章旨在考察西部大开发政策对西部地区的影响。换言之，本研究需要估计，在其他条件保持不变的情况下，西部大开发政策对西部地区人均 GDP 增速的影响。但是，由于西部大开发政策的选择可能受到很多不可观测因素的影响（如事前差异等），传统的 OLS 估计结果会因遗漏变量等问题而存在偏差。为有效解决内生性问题，本章采取断点回归设计（RD）。具体而言，利用西部大开发的政策边界（地理边界）作为外生的制度断点，将样本限定在边界两侧一定的带宽（县几何中心到边界的距离）内，从而保证处置组（政策边界以西的县）和对照组（政策边界以东的县）在政策实施前是相似的。具体估计方程如下：

$$Y_i = \beta_0 + \beta_1 West_i + f(geographic\ location_i) + \sum_{s=1}^{12} \gamma_s Seg_s + \epsilon_i, \quad (3-1)$$

其中，Y_i 表示县 i 的结果变量，包括 1999—2014 年的人均 GDP 增长率及其他机制分析中使用的结果变量。鉴于西部大开发政策从 2000 年起开始实施，因此本章将 1999 年作为基准年份，以确保处置组和对照组样本均未受到政策实施的影响。$West_i$ 为一个虚拟变量，$West_i = 1$ 表示县 i 为西部大开发政策目标县，否则 $West_i = 0$。$f(geographic\ location_i)$ 表示县 i 的地理位置。根据 Dell（2010）的做法，本章利用县几何中心的经纬度作为驱动变量（Running Variable），以便捕捉县的二维地理信息。此外，本章还控制了边界哑变量 Seg_s。具体而言，本章将边界线平均分成 12 段，并分别测算每个县与其的距离，最近距离的边界线赋值为 1，否则为 0。通过这种方法，本章可以进一步控制政策边界不同段的固有差异，在更精确的范围内将为处置组选择合理的对照组，从而提高估计的准确程度。

根据 Gelman 和 Imbens（2019）及 Dell 和 Olken（2020）的做法，本章在基准模型中控制了驱动变量的一阶多项式，并将带宽限定在西部大开发政策边界两侧 100 km 以内。为确保基准结果的稳健性，本章还尝试了使用 50~500 km 带宽，并控制驱动变量的二阶多项式。此外，在控制驱动变量的二阶和三阶多项式情况下，本章还使用了全局回归，以便将全部样本考虑在内。

3.2.2 数据

本章使用的数据是 1999—2014 年的全国县级层面数据。由于市辖区与普通县市在经济规模和财政体制上具有根本性差异，因此本研究的样本中不包含市辖区。分县经济数据来自历年的《中国县（市）社会经济统计年鉴》。方言数据来自《汉语方言大词典》。县域地理信息（平均坡度、平均海拔、距省会距离、距直辖市距离和距海岸距离）通过 Arcgis 软件计算得出。为了消除价格因素的影响，各年份的经济指标均使用分省的 GDP 平减指数，并将其调整为以 2000 年为基期的价格水平，其中，GDP 平减指数根据历年《中国统计年鉴》公布的各省不变价 GDP 倒推得到。由于数据缺失严重，本章的研究中剔除了西藏自治区的样本。此外，由于内蒙古自治区样本与其周边对照组省份样本在事前诸多方面存在差异，不满足断点回归设计的前提条件，因此在基准分析中也将其剔除。①

3.2.3 变量

表 3-2 汇报了全样本和 100 km 带宽内的描述统计。在样本期内，西部地区的 GDP 增长率显著高于非西部地区，这一差异在 100 km 带宽内更为明显。在农业生产方面，西部地区的粮食产量增速显著低于非西部地区，但是其棉花和油料作物产出则相对增长较快。本章发现尽管经济增速加快，但是西部地区的农民收入水平并未显著增长。

---

① 在内蒙古自治区中，蒙古族人口占到了总人口的 20%，其少数民族人口占比显著高于周边省区。另外，内蒙古自治区地广人稀，人口密度较周边省区也明显偏低。

第3章 "自上而下"治理模式：省域瞄准

表 3-2 数据描述统计分析

变量名称	西部地区县	非西部地区县	全样本 差异（标准误差）	西部地区县	非西部地区县	100 km 带宽内样本 差异（标准误差）
结果变量：1999—2014 年增长率						
GDP 增长率	1.732	1.562	0.170（0.200）	1.703	1.499	0.204（0.066）***
第一产业增加值增长率	1.046	0.949	0.097（0.019）***	0.957	1.083	-0.126（0.070）*
第二产业增加值增长率	2.232	1.786	0.446（0.033）***	2.204	1.564	0.640（0.095）***
第三产业增加值增长率	1.862	1.702	0.160（0.022）***	1.880	1.711	0.169（0.068）**
粮食产量增长率	0.106	0.190	-0.085（0.023）***	-0.007	0.230	-0.237（0.062）***
棉花产量增长率	0.039	-0.234	0.273（0.150）*	0.715	-0.583	1.298（0.313）***
油料作物产量增长率	0.374	-0.181	0.554（0.053）***	0.328	0.111	0.217（0.122）*
肉类产量增长率	0.541	0.472	0.070（0.025）***	0.478	0.463	0.015（0.066）
就业人口增长率	-0.012	0.009	-0.021（0.012）*	-0.114	0.025	-0.139（0.027）***
农业就业人口增长率	-0.207	-0.406	0.199（0.021）***	-0.374	-0.233	-0.141（0.041）***
农民人均纯收入增长率	3.778	1.681	2.097（0.153）***	3.363	3.620	-0.257（0.535）
事前变量：1999 年水平值						
人均 GDP（万元）	0.33	0.579	-0.249（0.018）***	0.274	0.398	-0.124（0.024）***
城市化率	0.143	0.163	-0.020（0.005）***	0.117	0.136	-0.019（0.007）***
人口密度（1000 人/km²）	0.151	0.368	-0.217（0.368）***	0.169	0.221	-0.052（0.020）***
平均坡度	3.942°	1.722°	2.220（0.106）***	3.695°	3.179°	0.516（0.264）*
平均海拔（km）	1.493	0.311	1.182（0.034）***	0.734	0.654	0.080（0.053）
距海岸距离（1000 km）	0.996	0.303	0.693（0.021）***	0.592	0.514	0.078（0.034）**
少数民族占比	0.369	0.041	0.328（0.012）***	0.284	0.124	0.16（0.043）***
样本量	763	1085		97	106	

数据来源：《中国县（市）社会经济统计年鉴》《汉语方言大词典》《中国统计年鉴》。

表 3-2 还给出处置组和对照组之间的事前（1999 年）简单比较结果。尽管西部地区的人均 GDP 水平低于其他地区，但是随着带宽变小，两者差异程度下降。与非西部地区相比，西部地区的平均海拔更高、平均坡度更陡、人口密度更低，但是同样地区间的差异随带宽的缩小而减小。

3.3 实证结果

3.3.1 断点回归有效性检验

断点回归的有效性要求在政策实施前断点附近的样本是连续的。换言之，处置组和控制组在政策实施前在各方面均需是相似的。本节检验了西部大开发政策边界两侧 1999 年的人均 GDP、城市化率、人口密度、平均海拔、平均坡度、到海岸距离、少数民族占比和方言区等方面的连续性。具体而言，本节在式（3-1）基准模型的框架下，以上述变量 1999 年的水平值作为因变量进行了断点回归。估算结果见表 3-3。

表 3-3 平衡性检验

结果变量	人均 GDP (1)	城市化率 (2)	人口密度 (3)	平均海拔 (4)	平均坡度 (5)
西部大开发	-0.419	-0.005	-0.028	0.002	0.213
	(0.410)	(0.010)	(0.033)	(0.057)	(0.309)
R^2	0.442	0.109	0.394	0.764	0.698
样本量	203	203	203	203	203
结果变量	到海岸距离 (6)	少数民族占比 (7)	方言区：官话 (8)	方言区：晋语 (9)	方言区：粤语 (10)
西部大开发	0.006	-0.005	0.095	-0.029	0.043
	(0.017)	(0.047)	(0.085)	(0.045)	(0.050)
R^2	0.959	0.708	0.603	0.805	0.718
样本量	203	203	203	203	203

注：平衡性检验使用的带宽为 100 km，多项式阶数为一阶，控制了政策边界分段的固定效应，括号内标准误聚类在地级市层面。***、**、* 分别表示在 1%、5% 和 10% 水平下显著。

鉴于估算结果缺乏统计显著性，可知在政策实施前处置组和对照组样本是相似的。值得一提的是，尽管西部大开发的边界与省边界是高度重合的，但是自元代以来，我国的省边界均不再以崇山峻岭或大江大河作为界限——这是因为当时的统治者为避免地方政府利用地形优势形成诸侯割据的局面，有意识打破自然人文等条件的制约，从而塑造出省边界两侧呈现出"犬牙交错"的特征（许正文，1999）；也正因如此，目前我国省界两侧的居民通常具有相似的生活习惯、使用相似的方言。这佐证了表3-3的估算结果。

3.3.2 基准结果

在正式进行断点回归估算之前，本章首先给出 OLS 估算结果。当不包含任何控制变量时，表3-4第（1）列给出的估算结果表明，西部大开发政策为西部地区带来了16.2%的经济增长率提升。当控制1999年的人均GDP、少数民族占比、人口密度、平均海拔和平均坡度时，GDP增长幅度虽有下降，但仍然非常显著。正如前文所述，此时的 OLS 估计会受到内生性的影响，因而可能是有偏的。

表3-4 西部大开发政策对人均 GDP 增长率的 OLS 估计

结果变量：1999—2014年 GDP 增长率		
	（1）	（2）
西部大开发	0.162***	0.124***
	(0.038)	(0.045)
1999年人均GDP		-0.148
		(0.024)
1999年少数民族占比		-0.002
		(0.001)
1999年人口密度		-0.087
		(0.081)
平均坡度		-0.018
		(0.009)
平均海拔		-0.022
		(0.018)
R^2	0.036	0.129
样本量	1787	1787

注：括号内标准误聚类在地级市层面。***、**、* 分别表示在1%、5%和10%水平下显著。

表3-5第（1）至第（3）列给出控制驱动变量一阶多项式时的断点回归估算结果。在不同带宽（50 km、100 km 和 200 km）下，结果保持了较好的

一致性：西部大开发政策显著提高了西部地区的 GDP 增速——在基准带宽（100 km）下，处置组样本的 GDP 增速高出对照组样本 22%（年化增速为 1.5%），且在 1% 置信水平下显著。在控制驱动变量的二阶多项式时，新的估算结果与基准结果相差无几［见表 3-5 第（4）至第（6）列］。此外，根据 Lee 等（2004）的做法，表 3-5 第（7）至第（8）列还给出全局断点回归的结果，即在控制驱动变量高阶多项式的情况下，将全部样本纳入分析当中。同样，新的估算结果与基准结果保持了较好的一致性。图 3-1 将断点回归的结果用图形展示出来：在断点两侧，GDP 增长率存在明显的跳跃，印证了西部大开发的政策效果是显著的。

表 3-5　西部大开发政策对人均 GDP 增长率的 RD 估计

结果变量:1999—2014 年 GDP 增长率								
带宽	<50 km	<100 km	<200 km	<50 km	<100 km	<200 km	全样本	全样本
	(1)	(2)	(3)	(4)	(5)	(6)	(7)	(8)
西部大开发	0.209**	0.222***	0.263**	0.239**	0.212***	0.251***	0.221***	0.259***
	(0.084)	(0.076)	(0.101)	(0.093)	(0.077)	(0.090)	(0.080)	(0.089)
多项式阶数	一阶	一阶	一阶	二阶	二阶	二阶	二阶	三阶
R^2	0.557	0.489	0.296	0.569	0.509	0.327	0.089	0.102
样本量	117	203	357	117	203	357	1753	1753

注：上述回归控制了西部大开发政策边界线的固定效应。括号内标准误聚类在地级市层面。***、**、* 分别表示在 1%、5% 和 10% 水平下显著。

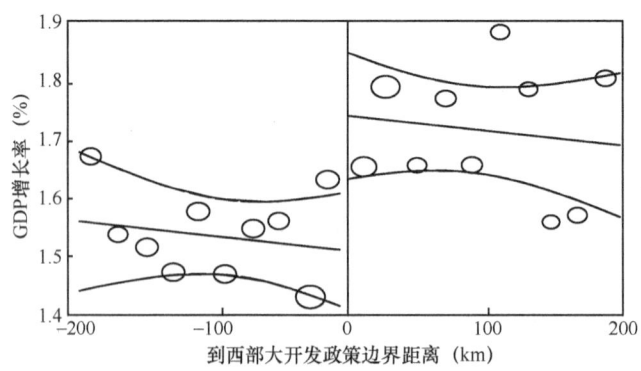

图 3-1　断点两侧西部大开发政策对 GDP 增长率的影响

3.3.3 稳健性检验

为检验基准结果的稳健性,除了采用不同的带宽和控制不同的多项式阶数外,本节进一步给出其他的稳健性检验结果。

第一,本节通过构建一个安慰剂检验来确保处置组和对照组样本的结果变量在事前具有相同的变化趋势(Common Trend)。鉴于本章基准模型的结果变量是1999—2014年的GDP增长率,若在西部大开发政策实施前,处置组和对照组样本的GDP变化趋势已经存在差异,那么断点回归的估算结果将受到这一事前差异(遗漏变量)的影响,因而仍是有偏的。为检验两组样本是否存在事前差异,本节考察西部大开发政策对两组样本的事前GDP增长率是否具有影响。具体而言,在式(3-1)的识别框架下,本节以1993—1999年GDP增长率为结果变量重新进行估算。由于在2000年之前,两组样本均未受到政策影响,因而新的估算结果应该是不显著的,即两者的经济发展速度相似。表3-6第(1)至第(3)列的估算结果验证了这一论断:在不同带宽下,新的估算结果数值较小,且缺乏统计显著性。这意味着在西部大开发政策实施之前,处置组和对照组样本的GDP增速不存在显著差异。

表3-6 安慰剂检验结果

结果变量带宽	共同趋势			虚拟边界	
				政策边界向东平移 200 km	政策边界向西平移 200 km
	1993—1999 年 GDP 增长率			1999—2014 年 GDP 增长率	
	<50 km	<100 km	<200 km	<100 km	<100 km
	(1)	(2)	(3)	(4)	(5)
西部大开发	−0.012	0.000	−0.049	0.043	0.076
	(0.064)	(0.065)	(0.068)	(0.103)	(0.088)
R^2	0.406	0.331	0.214	0.124	0.487
样本量	116	200	353	174	128

注:上述回归控制了驱动变量的一阶多项式和西部大开发政策边界线的固定效应。括号内标准误聚类在地级市层面。***、**、*分别表示在1%、5%和10%水平下显著。

第二,本节将西部大开发政策边界分别向东和向西水平移动200 km。此时，在边界线两侧 100 km 带宽的各样本具有相同的真实处置状态，因此新的估算结果应该是不显著的；反之，本章的基准结果估算出的并非是西部大开发政策的效果，而是某些遗漏变量的效果。表 3-6 第（4）至第（5）列给出估算结果：由于虚拟边界的处置效应在统计上是不显著的，因而本节进一步排除遗漏变量的影响。

第三，本节进一步排除省际政策差异对估算结果的影响。前文指出，西部大开发政策边界与省边界是高度重合的，因此估算结果可能受到省际政策差异的影响。为解决这一问题，本章的基准模型式（3-1）中考虑了边界分段的影响。进一步，本节自北向南依次剔除掉 12 分段中的两段，并重新估算式（3-1）的结果。若新的估算结果与基准结果差异较大，则意味着在样本期内，该段政策边界两侧省际政策的影响干扰了本章的基准识别策略。表 3-7 第（2）至第（7）列给出分别剔除第 1 至第 12 段分界线的估算结果。不难看出，新的估算结果与基准结果相差不大，这体现在两者间的 t 统计量不显著，即在统计上无法拒绝两者是相等的。因此，在样本期内，西部大开发政策边界两侧的省际政策差异并未干扰本章的识别策略。

表 3-7 剔除边界分段的 RD 估计

	基准结果（1）	剔除第1、第2段边界（2）	剔除第3、第4段边界（3）	剔除第5、第6段边界（4）	剔除第7、第8段边界（5）	剔除第9、第10段边界（6）	剔除第11、第12段边界（7）
结果变量：1999—2014 年 GDP 增长率							
西部大开发	0.222***	0.163*	0.233***	0.261***	0.203**	0.204**	0.243***
	(0.076)	(0.083)	(0.080)	(0.074)	(0.090)	(0.091)	(0.083)
R^2	0.489	0.354	0.514	0.529	0.517	0.476	0.470
样本量	203	151	176	180	170	171	167
与基准结果相等的检验		$p=0.442$	$p=0.893$	$p=0.612$	$p=0.813$	$p=0.843$	$p=0.800$

注：上述回归控制了驱动变量的一阶多项式和西部大开发政策边界线的固定效应，带宽为100 km。括号内标准误聚类在地级市层面。***、**、* 分别表示在1%、5%和10%水平下显著。

第四，本节考察了西部大开发政策对西部地区经济增长的动态影响。具体而言，本节在式（3-1）框架下，分别以 1999—2002 年、1999—2005 年、1999—2008 年和 1999—2011 年的 GDP 增长率为结果变量进行了估算。表 3-8 给出具体的估算结果。自 2005 年起，西部大开发政策对西部地区经济增长的影响开始显现,并呈现出逐步增长的趋势。

表 3-8 西部大开发政策动态效果的 RD 估计

结果变量	1999—2002 年 GDP 增长率 (1)	1999—2005 年 GDP 增长率 (2)	1999—2008 年 GDP 增长率 (3)	1999—2011 年 GDP 增长率 (4)	1999—2014 年 GDP 增长率 (5)
西部大开发	0.036	0.120**	0.141**	0.229***	0.222***
	(0.043)	(0.058)	(0.066)	(0.075)	(0.076)
R^2	0.249	0.299	0.332	0.445	0.489
样本量	203	203	203	203	203

注:上述回归控制了驱动变量的一阶多项式和西部大开发政策边界线的固定效应,带宽为 100 km。括号内标准误聚类在地级市层面。***、**、* 分别表示在 1%、5% 和 10% 水平下显著。

第五,本节考虑了西部大开发政策对市辖区的影响。在基准结果的估算中,由于市辖区与县之间的差异,本章仅以县为研究对象。本节进一步将市辖区纳入样本中来。但是,由于缺少市辖区的分区数据,本节将一个市的所有辖区合并到一起,作为一个样本。表 3-9 给出具体的估算结果。与表 3-5 的基准结果相比,新的估算结果在相同的模型设定下保持了较好的一致性。

表 3-9 西部大开发政策对县和市辖区人均 GDP 增长率的 RD 估计

结果变量:1999—2014 年 GDP 增长率								
带宽	<50 km (1)	<100 km (2)	<200 km (3)	<50 km (4)	<100 km (5)	<200 km (6)	全样本 (7)	全样本 (8)
西部大开发	0.222**	0.221***	0.228**	0.255***	0.216***	0.222**	0.197**	0.240***
	(0.081)	(0.075)	(0.104)	(0.092)	(0.076)	(0.095)	(0.077)	(0.088)
多项式阶数	一阶	一阶	一阶	二阶	二阶	二阶	二阶	三阶
R^2	0.522	0.408	0.240	0.531	0.445	0.255	0.059	0.072
样本量	122	219	394	122	219	394	1980	1980

注:上述回归控制了西部大开发政策边界线的固定效应。括号内标准误聚类在地级市层面。***、**、* 分别表示在 1%、5% 和 10% 水平下显著。

第六,本节考察外溢效应是否对本章的基准结果有所影响。与其他的区域政策相似,西部大开发政策可能对其他地区产生外溢效应:若西部大开发政策促使其他地区的产业迁移至西部地区,那么这一政策就对其他地区产生了负外部效应,从而导致结果的高估;若其他地区可以分享到西部大开发政策的技术外溢,那么这一政策就对其他地区产生了正外部效应,从而导致结果的低估。尽管本章无法区分两种效果的影响，但是可以考察两种效果在多大程度上影响了本章的基准结果。具体而言，在基准模型的设定下，本节首先分别剔除了边界线两侧 20 km 和 40 km 带宽内的样本。这是因为，产业迁移是需要付出成本的，而这种成本与迁移的距离往往是正相关的，因此迁移最可能发生在边界线的两侧；知识和技术的外溢同样最可能发生在这一区域。

表 3-10 的第（2）、第（3）列给出估算结果。新的估算结果与基准结果保持了较好的一致性。但是，当进一步剔除边界线两侧的样本时，估算结果的显著性也随之下降。出现这种结果的原因有两种可能：一是确实存在外溢效应；二是随着样本数量的减少，估计的准确程度下降。为检验是哪一种原因，本节将基准带宽放松至 200 km，并重复上述的估计过程。表 3-10 的第（5）、第（6）列给出估算结果。此时，新的估算结果在 1% 的置信水平上显著，表明在基准带宽下的估算结果显著性下降是由于样本量的减少。

表 3-10 外溢效应

带宽	<100 km			<200 km		
	基准结果	剔除边界线两侧 20 km 带宽内的样本	剔除边界线两侧 40 km 带宽内的样本	基准结果	剔除边界线两侧 20 km 带宽内的样本	剔除边界线两侧 40 km 带宽内的样本
	(1)	(2)	(3)	(4)	(5)	(6)
西部大开发	0.222***	0.329***	0.274*	0.263**	0.370***	0.337**
	(0.075)	(0.119)	(0.157)	(0.101)	(0.125)	(0.151)
R^2	0.489	0.503	0.448	0.296	0.302	0.258
样本量	203	159	99	357	313	253
与基准结果相等的检验		$p = 0.374$	$p = 0.740$		$p = 0.394$	$p = 0.627$

注：上述回归控制了驱动变量的一阶多项式和西部大开发政策边界线的固定效应。括号内标准误聚类在地级市层面。***、**、* 分别表示在 1%、5% 和 10% 水平下显著。

综上，本节的稳健性检验结果表明，本章的基准估算结果是真实有效的。

3.4 机制分析

西部大开发政策是我国"自上而下"治理模式的一次重要尝试，其有效促进了西部 12 个省区的经济发展。本节进一步研究西部大开发政策的作用机制，主要探讨其对产业发展和农民生活水平的影响。

3.4.1 对产业结构的影响

首先，本小节考察西部大开发政策对产业结构的影响。具体而言，本小节分别以样本期内第一、二、三产业增加值的增长率为结果变量，重新估算式（3-1）。由表 3-11 给出的估算结果可知，1999—2014 年西部大开发政策显著增加了西部地区第二产业增加值的增长率，但是对第一产业和第三产业的影响较弱，说明西部地区经济的发展是由工业化推动的，也证明了西部大开发并不必然成为西部地区农业发展机遇的这一观点（苗长川 等，2004；刘忠 等，2012）。

表 3-11 西部大开发政策对产业结构影响的 RD 估计

结果变量	1999—2014 年 第一产业增加值增速	1999—2014 年 第二产业增加值增速	1999—2014 年 第三产业增加值增速
西部大开发	-0.128	0.584***	0.109
	(0.092)	(0.119)	(0.111)
R^2	0.577	0.385	0.387
样本量	203	203	203

注：上述回归控制了驱动变量的一阶多项式和西部大开发政策边界线的固定效应，带宽为100 km。括号内标准误聚类在地级市层面。***、**、* 分别表示在1%、5%和10%水平下显著。

3.4.2 对农业产出的影响

西部地区的贫困问题较为严重，而贫困又多集中在农村地区，因此，解决西部地区"三农"问题的核心在于促进农村地区发展。虽然上小节的结果表明西部大开发政策并未显著促进第一产业增加值的增长，但是如果农产品的产出水平得以提高，那么这也会为解决农村贫困问题提供物质保障。因此，本小节考察西部大开发政策对农业产出的影响。特别地，本小节分别以样本期内粮食产量增长率、棉花产量增长率、油料作物产量增长率和肉类产量增长率为结果变量，重新估算式（3-1）。

表 3-12 给出具体的估算结果：1999—2014 年西部大开发政策显著降低了西部地区粮食产量增长率，但是没有对棉花产量增长率、油料作物产量增长率和肉类产量增长率产生明显影响。这一结果进一步说明，西部大开发政策对于西部地区农业发展的影响并不显著。

表 3-12　西部大开发政策对农业产出影响的 RD 估计

结果变量	1999—2014 年粮食产量增长率	1999—2014 年棉花产量增长率	1999—2014 年油料作物产量增长率	1999—2014 年肉类产量增长率
西部大开发	−0.267***	0.971	0.076	0.049
	(0.081)	(0.667)	(0.248)	(0.133)
R^2	0.600	0.239	0.198	0.199
样本量	201	83	200	200

注：上述回归控制了驱动变量的一阶多项式和西部大开发政策边界线的固定效应，带宽为100 km。括号内标准误聚类在地级市层面。***、**、* 分别表示在1%、5%和10%水平下显著。

3.4.3　对农业就业的影响

本小节进一步考察西部大开发政策对西部地区就业，尤其是农业就业的影响。由于缺少各产业就业人数的信息，本小节使用 2000 年和 2010 年人口普查年鉴的信息加以推算。假定在样本期内，各产业就业人数历年变化速度保持不变，由此推算出 1999—2014 年各年份的总就业人数和各产业就业人数。表 3-13 第（1）、第（2）列分别给出总就业人数增长率和第一产业就业人数增长率的估算结果。在样本期内，西部大开发政策显著抑制了西部地区就业人数，特别是第一产业就业人数的增长。

表 3-13　西部大开发政策对就业影响的 RD 估计

结果变量	1999—2014 年总就业人数增长率	1999—2014 年第一产业就业人数增长率	2004—2010 年农民人均纯收入增长率
	(1)	(2)	(3)
西部大开发	−0.142***	−0.115**	0.234
	(0.049)	(0.052)	(0.961)
R^2	0.351	0.338	0.646

续表

结果变量	1999—2014年总就业人数增长率 (1)	1999—2014年第一产业就业人数增长率 (2)	2004—2010年农民人均纯收入增长率 (3)
样本量	203	203	201

注：上述回归控制了驱动变量的一阶多项式和西部大开发政策边界线的固定效应，带宽为100 km。括号内标准误聚类在地级市层面。***、**、* 分别表示在1%、5%和10%水平下显著。

3.4.4 对农民收入的影响

进一步，本小节直接考察西部大开发政策对于西部地区农民收入水平的影响。为保持数据来源的一致性，但囿于部分年份数据缺失的困扰，本小节结果变量的样本期为2004—2010年。① 表3-13第（3）列给出西部大开发政策对农民人均纯收入增长率的估算结果：估算系数不具有统计显著性，意味着尽管西部大开发政策通过大力推进工业化促进了西部地区的发展，但是这种发展并未切实惠及农民，体现在农民的收入水平并未显著增长。

3.4.5 对财政金融的影响

最后，本小节考察西部大开发政策对西部地区财政金融方面的影响。改革开放以来，我国政府善用财政金融政策来实现政策目标。那么，西部大开发政策是否为西部地区的财政金融方面带来变化呢？表3-14给出具体的估算结果。由于2007年至今的数据缺失，本小节只考虑1999—2006年财政预算内资本投入的增长。结果表明，西部地区受益于西部大开发政策，获得了更多的财政投资和信贷支持。

---

① 尽管这种处理方式因缺少政策实施前的年份可能存在一定不足，但是由表3-8可知，西部大开发政策的效果是随时间推移而逐渐增强的，而政策实施初期的效果是不显著的。因此，本章以政策前期的农民收入水平为基准的做法虽非最优，但也具有一定的合理性。

表 3-14　西部大开发政策对财政金融影响的 RD 估计

结果变量	1999—2006 年 财政预算内资本投入增长率	1999—2014 年 金融机构贷款余额增长率
西部大开发	1.247**	0.249**
	(0.0571)	(0.118)
R^2	0.525	0.240
样本量	52	203

注：上述回归控制了驱动变量的一阶多项式和西部大开发政策边界线的固定效应，带宽为100 km。括号内标准误聚类在地级市层面。***、**、* 分别表示在1%、5%和10%水平下显著。

本节的机制分析表明：西部大开发政策对西部地区经济的促进作用主要来源于第二产业，而第一产业并未因此获得更好的发展，甚至在粮食产出增长和农业就业人数增长等方面出现了负向影响；西部地区整体经济的发展并未充分惠及农民，其收入水平没有明显增长；财政金融政策的确向西部地区倾斜，西部地区因此获得了更多的财政投资和信贷支持。由此可见，中央到省的"自上而下"治理模式切实给予了西部地区政策和经济支持，单纯从经济发展视角而言是成功的；但是需要注意的是，这种治理模式引起的经济增长并未促进农村发展和农民收入提高，亦即其益贫性的特征并不明显。

3.5　小结

利用区域政策促进落后地区发展、切实提高居民收入是世界各国共同关注和持续追求的目标。为实现地区间的均衡发展，进而解决广大西部地区的贫困问题，我国实施了西部大开发政策。这一政策是我国"自上而下"治理模式的一次重要尝试。本章利用断点回归设计，估算了 1999—2014 年西部大开发政策对西部地区，特别是对其农业发展的影响。

结果表明，西部大开发政策显著加快了西部地区的经济发展速度。这种增长主要因为财政金融政策的支持。西部大开发政策加速了西部地区工业化水平的提升，但并未对农业发展产生明显影响。进一步，经济发展的成果没有切实惠及农村人口，农民人均纯收入增速并未显著提高。这意味着，西部大开发这种"自上而下"的治理模式对于区域经济发展起到了一定作用，但对农业发展和农民收入水平提升则作用则并不明显。那么，上述结果是否意味着"自上而下"治理模式在中国是失效的呢？实际上，为了改善"自上而下"治理模式的治理效果，我国政府结合精准扶贫的思想进行了有益的尝试，特别是推进治理主体下沉至更为基层的行政单位。下一章，我们就来考察中央至县的"自上而下"治理模式是否改善了治理效果。

第4章
"自上而下"治理模式：县域瞄准

正如上一章所述，为有效解决区域性贫困问题，我国政府积极探索了"自上而下"的治理模式，即以政府为主导的扶贫开发模式。随着党和政府扶贫精准化思想的日益形成，同时符合扶贫主体基层化的国际趋势，近年来"自上而下"治理模式的主体进一步下沉——由区域治理（如前文所研究的西部大开发政策）逐步下沉至县域治理。为此，本章以集中连片特困区政策为例，探讨"自上而下"治理模式中的县域治理政策，特别关注其政策效果及其作用机制。

改革开放以来，囿于区位和资源禀赋等方面的差异，内陆地区与沿海省市的经济发展和人民生活水平逐渐产生差距，最终导致我国的贫困问题呈现出鲜明的区域性。尽管我国在 20 世纪末采用了开发式扶贫方式来疏解区域性贫困，并取得了显著成效（Park et al., 2002；Meng, 2013），然而贫困人口整体数量的下降并未从根本上扭转剩余贫困人口"大分散、小集中"的分布特征——贫困人口仍然集中分布在自然条件恶劣、生态环境脆弱的地区。有鉴于此，为更有针对性地治理贫困，特别是要完成 2020 年全面建成小康社会的目标，中共中央、国务院于 2011 年年底印发了《中国农村扶贫开发纲要（2011—2020 年）》；以此为标志，正式将集中连片特困地区作为新时期扶贫工作的主战场。次年，国务院扶贫办公布了集中连片特困地区分县名单，将致贫原因相近、地理分布集中的县划归为连片地区以提高扶贫效率，并确定了以县为基本扶贫单位进行开发式扶贫。

目前，我国已经实现了全面建成小康社会的宏伟目标，标志着绝对贫困在我国已经成为历史；但是需要注意的是，在后脱贫攻坚时代，深化前期扶贫成果、增强脱贫的可持续性、防止脱贫人口返贫等任务依然繁重。为此，系统总结前期脱贫工作经验，特别是科学评估以集中连片特困区政策为代表的开发式扶贫政策效果，并深入厘清其作用机制，是非常具有理论和实践意义的。遗憾的是，截至目前，对于集中连片特困区政策的研究仍不充分。总体来说，既有文献多以案例分析为主，聚焦于某一（或某几）片区和某一（或某几）项扶贫措施，基于简单的统计分析归纳出片区内的贫困状况并分析贫困成因（李雪萍 等，2009；饶华敏，2012；沈茂英，2015）。鲜有研究着眼于全局，将14个集中连片特困地区当作分析对象，通过科学的估算方法考察集中连片特困区政策的整体影响。[①]

鉴于此，本章采用双重差分回归的估计方法，利用2007—2018年我国县级面板数据，实证考察集中连片特困区政策对于区域经济增长及其益贫性的影响，并深入剖析其作用机制，从而对相关文献进行补充、丰富，也为我国后续制定益贫政策、扎实推进国家治理能力的提升、实现脱贫攻坚与乡村振兴的有序衔接提供一定的参考。

本章余下部分的结构安排如下：第4.1节介绍集中连片特困区政策的背景；第4.2节给出本章的计量策略，并介绍数据和变量；第4.3节给出基准结果、进行稳健性检验和机制分析、考察经济增长的益贫性；第4.4节为本章的结论和政策建议部分。

4.1 政策背景

改革开放伊始，体制改革迅速推动了广大农村地区的经济发展，极大缓解了因缺少生产机会而导致的制度性贫困（Park et al.，1994；Ravallion et al.，2007）。[②] 随之而来的，区域性贫困迅速取代普遍性贫困成为我国贫困的主要特征，贫困人口分布所呈现的"大分散、小集中"特征亦逐渐加深（曲玮

[①] 孙久文等（2019）测算了在集中连片特困区政策实施之后，各片区在减贫情况、农民收入和地方经济发展等方面的变化。但是，需要指出的是，由于孙久文等（2019）仅关注政策实施之后的时间区间，并仅考察了连片特困地区的情况，因而缺乏与政策实施前及其他非贫困地区的比较。正因如此，所得结论不能排除全国层面宏观经济发展及其他干扰因素的影响，亦不能将其完全视为集中连片特困区政策的成效。

[②] Qin和Chong（2018）将我国改革开放以来的减贫阶段大致归为两个时期：第一阶段是1978—1985年，主要的减贫驱动因素是以农村生产体制和农产品价格体制改革为代表的体制改革；第二阶段为1986年至今，主要的减贫动力为区域扶贫开发政策。

等,2012)。实际上,针对这一新的贫困特征,党和政府早在1984年就已做出要"集中力量解决连片贫困地区的问题"的论断,首次提出"连片特困地区"这一概念,并随后划定了一批连片特困地区。①② 然而,随着国家级贫困县政策于1986年开始实施,此后较长时间内,我国的扶贫工作一直是围绕国家级贫困县来开展的(Meng,2013);与之相比,连片特困区政策宛如昙花一现,片区内各县也并未获得政策扶持。

2010年2月4日,时任国务院总理的温家宝同志在省部级领导学习和贯彻科学发展观思想的专题学习和讨论会上指出:"扶贫开发工作的重点是贫困程度较深的集中连片贫困地区和特殊类型导致的贫困地区。"时隔25年,连片特困地区再一次作为扶贫工作的重点被提及。2010年10月召开的中国共产党第十七届中央委员会第五次全体会议进一步明确提出,要将集中连片特困地区贫困问题的解决放在更加重要的位置。为贯彻和落实此次会议精神,其后召开的国家扶贫工作会议和国务院扶贫开发领导小组全体会议均反复强调了集中连片特困地区在脱贫攻坚战役中的重要性。2011年年底,中共中央、国务院印发的《中国农村扶贫开发纲要(2011—2020年)》中指出,连片特困地区是未来一段时间内扶贫工作的主战场,稳定解决温饱、尽快实现脱贫致富是扶贫工作的首要目标。以此为标志,我国正式将连片特困地区确立为新时期扶贫工作的主战场。

值得注意的是,尽管集中连片特困地区在脱贫攻坚中的重要地位已在2011年确定,但政策的实施却是始于2012年6月14日,即在国务院扶贫办公布集中连片特困地区分县名单之后。总体上,名单的确定以"集中连片、突出重点、全国统筹、区划完整"为基本原则;具体地,以2007—2009年县域人均国内生产总值、农民人均纯收入和人均财政一般预算收入3项指标的3年平均值为基础依据,将之与西部地区县区的对应指标平均值相比较,3项指标均低于西部地区均值的县区有资格进入初选名单,再排除不集中连片的县

---

① 详细论述请参见1984年9月29日印发的《中共中央、国务院关于帮助贫困地区尽快改变面貌的通知》。
② 第一批连片特困地区具体为:秦巴中高山区,陕北白于山区,黄河沿岸土石山区,中西部山区和丘陵地区,沂蒙山区,闽西南、闽东北地区,努鲁而虎山区,太行山区,吕梁山区,秦岭大巴山区,武陵山区,大别山区,井冈山区,赣南地区,定西干旱山区,西海固地区。

之后,最终确定集中连片特困地区内各县区的名单。① 根据上述标准,全国共划分出14个集中连片贫困地区,覆盖了680个县。

总体而言,集中连片特困地区共覆盖国土面积339万 km², 约占我国陆地领土面积的1/3;所辖人口为2.36亿,其中农村人口约2亿(邢成举 等,2013)。根据2007—2009年3年平均值,连片特困地区的县域人均国内生产总值为6650元、县域人均财政一般预算收入为262元、县域农民人均纯收入为2667元,分别相当于西部地区平均水平的49.1%、43.7%和73.2%(何芬 等,2015)。片区内农村贫困问题尤其突出——贫困发生率为28.4%,高于全国平均值15.7个百分点。

当时为加快贫困地区发展、确保全面建成小康社会的宏伟目标顺利实现,我国政府确定了以开发式扶贫为总方针,努力推动贫困地区经济社会更好更快发展的思路。基于此,作为以政府主导为基本原则的扶贫政策,财政政策和金融政策被视为最主要的保障政策。财政支持方面,主要体现在财政资金向连片特困地区的倾斜上,一是中央财政专项扶贫资金的新增部分应主要用于连片特困地区;二是中央和省级财政应加大对连片特困地区的一般性转移支付力度。② 金融服务方面,以满足扶贫对象发展生产的资金需求为根本目标,一是继续完善国家扶贫贴息贷款政策;二是积极推动贫困地区金融产品和服务方式创新、鼓励开展小额信用贷款。特别地,国家明确建议贫困地区县域法人金融机构将新增可贷资金70%以上留在当地使用。

4.2 计量策略、数据与变量

4.2.1 计量策略

本章研究的核心问题是:集中连片特困区政策为其所覆盖的贫困地区带来了多大程度的经济增长。以2012年集中连片特困区政策县名单的公布为肇始,

---

① 更为详细的贫困县选择标准及分片区、分省市的贫困县名单请参见国务院扶贫办于2012年6月14日出台的《关于公布全国连片特困地区分县名单的说明》。
② 对于财政政策的作用,最初是由《中国农村扶贫开发纲要(2011—2020年)》提出的;基于此,财政部、国家发展改革委和国务院扶贫办专门对《财政扶贫资金管理办法(试行)》进行修订,在2011年11月印发的《财政专项扶贫资金管理办法》中明确了财政专项扶贫资金对于连片特困地区的倾斜方式。

我国政府正式实施以集中连片特困地区为扶贫攻坚主战场的区域开发扶贫政策，这一实践为本章进行时间（年份）和地区（县及县级市）层面的双重差分提供了基础。具体而言，2012 年以前的年份为事前时点，2012 年及以后诸年为事后时点；进一步，根据集中连片特困地区名单，由位于 14 个片区的 680 个县级行政单位构成处置组（以下简称"贫困县"），其余地区则组成对照组（简称"非贫困县"）。基于此，本章利用如下双向固定效应模型来实现双重差分估计，实证考察集中连片特困区政策对于贫困地区经济发展的影响：

$$y_{it} = \beta_0 + \beta_1 \times (CPA_i \times Post_t) + \sum_j \beta_j \times X_{it} + \gamma_i + \lambda_t + \varepsilon_{it}, \quad (4-1)$$

其中，i 和 t 分别表示县 i 和 t 年，被解释变量 y_{it} 在基准回归中为人均 GDP 的对数值。CPA_i 是一个虚拟变量，反映县 i 的处置状态——属于集中连片特困区记为 1，否则记为 0；$Post_t$ 同为虚拟变量，2012 年及以后年份记为 1，之前年份记为 0；$CPA_i \times Post_t$ 刻画出县 i 在 t 年的处置状态，其系数 β_1 为集中连片特困区政策的影响。X_{it} 为控制变量，包括时间的线性趋势及其二次项、人口的对数值和人口密度。γ_i 和 λ_t 分别为地区固定效应和时间固定效应，ε_{it} 为误差项。考虑到市下辖各县间可能存在相互影响，本章在估算时将标准误差聚类至市级（Jia et al.，2020）。[1]

4.2.2 数据

本章使用的数据是 2007—2018 年的全国县级层面数据。其中，样本县的处置状态由国务院扶贫办在中华人民共和国中央人民政府网上公示的名单确定。[2] 经济数据主要来自历年的《中国县域统计年鉴》和《中国区域经济统计年鉴》，部分缺失数据利用中国研究数据服务平台（CNRDS）县域统计数据库进行补充。需要说明的是，自 2011 年起国家统计局停止公布全国层面的分县农民收入数据，为此，本章基于各省级行政单位编纂的历年统计年鉴人工搜集整理出分县的农民收入数据。为了消除价格因素的影响，本章对各年份的经济指标名义值均使用分省 GDP 平减指数[3]将其调整为以 2007 年价格水

---

[1] 本章在稳健性分析部分也尝试了将标准误差聚类至其他层级，各估算结果均较为一致。
[2] 网址为：http://www.gov.cn/gzdt/2012-06/14/content_2161045.htm。
[3] GDP 平减指数由历年《中国统计年鉴》中公布的各省 GDP（名义值）及 GDP 指数（实际值）倒推得出（马光荣 等，2016）。

平为基期的实际值。此外，本章还利用中国研究数据服务平台的政府审计数据库获取了各县的财政资金审计信息，利用地方官员数据库获取了县级主要领导（县委书记和县长）的信息。

本章对原始样本进行如下处理：首先，考虑到行政区划变动可能对辖区经济发展产生影响，本章剔除样本期间行政区划发生变动的样本；其次，由于市辖区与普通县市在经济规模和财政体制上具有根本性差异，因此，进一步剔除市辖区样本；最后，由于数据缺失严重，本章也剔除了西藏地区的样本。最终样本量为22 188个（1849个县×12年）；历年处置组和对照组样本的数量分别为630个和1219个，占比分别约为34%和66%。

4.2.3 变量

本章的研究重点是集中连片特困区政策对地方经济增长的影响。有鉴于此，本章的解释变量为样本县是否具有集中连片特困区身份，政府公布名单中的各县取值为1，其余为0；核心被解释变量为地区经济增长水平，由人均实际GDP的自然对数形式来刻画；① 在稳健性检验和机制分析中，本章也使用了其他变量作为被解释变量进行分析。表4-1对本章使用的所有变量的计算方法及其数据来源进行了详细阐述。

表4-1　变量的计算方法及其数据来源

变量名称	样本期	变量计算方法	主要数据来源
集中连片特困区身份	2007—2018年	集中连片特困区=1；其余=0	国务院扶贫办
人均GDP（对数值）	2007—2018年	ln（实际GDP/年末常住人口数）	《中国县域统计年鉴》
人均第一产业增加值（对数值）	2007—2018年	ln（实际第一产业增加值/年末常住人口数）	《中国县域统计年鉴》

---

① 本章在计算人均数值时，分母均为常住人口数。《中国县域统计年鉴》和《中国区域经济统计年鉴》中仅提供了年末户籍人口数，为计算各县年末常住人口数，本章利用《2000人口普查分县资料》和《2010人口普查分县资料》假定2000—2010年历年常住人口变化率相同，由此估算出期间各年份的常住人口数；进一步，假定2010年之后的年均变化趋势与之前一致，从而估算出2011—2018年历年各县的常住人口数。在后续的稳健性分析中，本章采用户籍人口数重新计算人均值，两者所得估计结果具有较好的一致性。

续表

变量名称	样本期	变量计算方法	主要数据来源
人均第二产业增加值（对数值）	2007—2018年	ln（实际第二产业增加值/年末常住人口数）	《中国县域统计年鉴》
人均规模以上工业企业增加值（对数值）	2007—2016年	ln（实际规模以上工业企业增加值/年末常住人口数）	《中国县域统计年鉴》
人均第三产业增加值（对数值）	2007—2018年	ln（实际第三产业增加值/年末常住人口数）	《中国县域统计年鉴》
人均财政支出（对数值）	2007—2018年	ln（实际财政支出/年末常住人口数）	《中国县域统计年鉴》
人均问题财政资金数额（对数值）	2007—2017年	ln（查出的问题财政资金数/审计项目数/年末常住人口数）	中国研究数据服务平台：政府审计数据库
人均金融机构贷款余额（对数值）	2007—2018年	ln（实际年末金融机构贷款余额/年末常住人口数）	《中国县域统计年鉴》
小学生占比（对数值）	2007—2018年	ln（小学在校生人数/年末常住人口数）	《中国县域统计年鉴》
农民人均纯收入（对数值）	2007—2018年	ln（农民人均纯收入）	《中国区域经济统计年鉴》、各省统计年鉴
人均粮食产量（对数值）	2007—2016年	ln（粮食总产量/年末常住人口数）	《中国县域统计年鉴》
人均肉类产量（对数值）	2007—2016年	ln（肉类总产量/年末常住人口数）	《中国县域统计年鉴》
每万人医疗机构床位数（对数值）	2007—2018年	ln（医疗机构床位数×10 000/年末常住人口数）	《中国县域统计年鉴》
人口数（对数值）	2007—2018年	ln（年末常住人口数）	《2000人口普查分县资料》《2010人口普查分县资料》
人口密度（对数值）	2007—2018年	ln年末常住人口数/行政区划面积	《中国县域统计年鉴》《2000人口普查分县资料》《2010人口普查分县资料》

续表

变量名称	样本期	变量计算方法	主要数据来源
地方主要官员性别	2007—2018年	男性=1；女性=0	中国研究数据服务平台：地方官员数据库
地方主要官员民族	2007—2018年	汉族=1；其他民族=0	中国研究数据服务平台：地方官员数据库
地方主要官员晋升激励	2007—2018年	年龄小于50岁=1；年龄大于或等于50岁=0	中国研究数据服务平台：地方官员数据库
地方主要官员学历	2007—2018年	研究生学历=1；研究生以下学历=0	中国研究数据服务平台：地方官员数据库
地方主要官员是否为本地官员	2007—2018年	出生地与任职地相同=1；出生地与任职地不同=0	中国研究数据服务平台：地方官员数据库

表4-2给出变量的描述性统计，从中可以得到如下几点认识。①2007—2018年各县历年的人均实际GDP约为20 111元，经济增长主要由第二产业驱动（人均第二产业增加值约为7959元），对第一产业的依赖度则相对较低（人均第一产业增加值约为3670元）。②财政资金的使用效率较高，人均财政支出约为4294元，其中人均单次审计出的财政问题资金金额约为6元。① ③本小节利用农民人均纯收入来刻画以现金计算的农民生活水平，以人均粮食产量和人均肉类产量衡量以实物计算的农民生活水平，用每万人医疗机构床位数反映其他福利水平——样本期内，农民人均纯收入约为5991元，人均粮食产量和人均肉类产量分别为460千克和77千克，每万人医疗机构床位数约为32张。④就官员特征来说，样本期间，我国县级官员仍以男性和汉族为主，分别占比92.7%和84.5%；Kou和Tsai（2014）指出我国县级官员的"晋升天花板"为50岁，本小节据此将年龄小于50岁的官员视为具有强晋升激励，而50岁及以上的官员则具有弱晋升激励——由表4-2可知，84.4%的官员具有强晋升激励；此外，地方官员普遍具有较高学历，具有研究生（硕士和博士）学历者占74.5%；最后，出生地与任职地相同的本地官员较少，仅有1.8%。

---

① 由于财政问题资金的数额与各县历年的审计强度有关，因此，本章并未简单使用"人均财政问题资金数额"这一指标，而是进一步除以各县历年审计项目数来进行标准化。

表 4-2 变量的描述性统计

变量名称	样本量	均值	标准差	最小值	最大值
集中连片特困区身份	22 188	0.341	0.474	0	1
人均 GDP（对数值）	20 727	9.909	0.724	1.649	13.524
人均第一产业增加值（对数值）	20 552	8.208	0.603	4.750	11.559
人均第二产业增加值（对数值）	20 552	8.982	1.013	4.564	13.057
人均规模以上工业企业增加值（对数值）	16 861	9.594	1.432	−2.977	14.034
人均第三产业增加值（对数值）	20 678	8.821	0.762	3.741	13.164
人均财政支出（对数值）	20 555	8.365	0.717	4.113	11.897
人均问题财政资金数额（对数值）	18 375	1.840	1.613	0	14.043
人均金融机构贷款余额（对数值）	20 526	9.300	0.982	0.360	14.535
小学生占比（对数值）	20 554	−2.588	0.373	−10.863	0.775
农民人均纯收入（对数值）	19 017	8.698	0.564	5.804	11.794
人均粮食产量（对数值）	15 438	6.132	0.774	0.069	8.747
人均肉类产量（对数值）	17 133	4.339	0.715	0.337	7.879
每万人医疗机构床位数（对数值）	20 530	3.456	0.474	−0.883	7.734
人口数（对数值）	20 924	12.708	0.805	9.205	14.672
人口密度（对数值）	20 554	274.819	292.617	0.167	4292.815
地方主要官员性别	9188	0.927	0.261	0	1
地方主要官员民族	8036	0.845	0.362	0	1
地方主要官员晋升激励	8363	0.844	0.363	0	1
地方主要官员学历	6565	0.745	0.436	0	1
地方主要官员是否为本地官员	6480	0.018	0.134	0	1

注：以上数据均为以 2007 年为基期计算的实际值。

4.3 实证结果

本节首先给出集中连片特困区政策对于地方经济增长的基准估算结果，然后进行稳健性检验和机制分析，最后考察经济增长的益贫性。

4.3.1 集中连片特困区政策对于地方经济增长的影响

表4-3给出双重差分模型［式（4-1）］的基准回归结果。出于稳健性考虑，本章在表4-3第（1）至第（3）列中依次加入县级和年份固定效应、时间趋势和其他随时间变化的控制变量。由表4-3可知，各模型设定下的估算结果保持了较好的一致性：估算系数为正且在1%的置信水平上显著，表明集中连片特困区政策的实施显著地提高了贫困地区的经济发展水平；具体地，系数0.095意味着相较于非贫困县，集中连片特困地区内各贫困县的经济增速要高出9.5个百分点。

表4-3 集中连片特困区政策对于地方经济增长的影响

	（1）	（2）	（3）
集中连片特困区政策×政策前后	0.095*** (0.018)	0.095*** (0.028)	0.100*** (0.015)
县级固定效应	是	是	是
年份固定效应	是	是	是
时间趋势		是	是
其他控制变量			是
样本量（个）	20 727	20 727	20 375
R^2	0.822	0.822	0.842

注：上述回归中的结果变量均为人均GDP。第（1）列控制了县级固定效应和年份固定效应，第（2）列进一步控制一阶和二阶时间趋势，第（3）列引入年末常住人口数量（对数形式）和人口密度（人口数/km²）作为额外控制变量。括号内数字为聚类至地级市层面的标准误差。***表示在1%水平下显著。

4.3.2 稳健性检验

本小节进行一系列检验，包括识别策略的有效性检验和其他稳健性检验等,以确保本章的基准结果是较稳健可靠的。

(1) 识别策略的有效性检验

首先,本小节进行平行趋势检验。利用双重差分法进行因果推断的有效性前提是处置组和对照组样本在政策实施前应具有相同的变化趋势,否则所得的估算结果可能仅反映出两组样本的事前趋势差异。对于本章而言,若非贫困县相较于贫困县具有更高的增长潜力,即政策实施前两者的经济增速存在差异,则基准估算结果可能是有偏差的。为此,借鉴 Liu 和 Mao (2019) 的做法,本章将各年份虚拟变量与集中连片特困区身份相乘,生成一组交互项并以之作为新的解释变量进行回归。具体的估计方程如下:

$$y_{it} = \beta_0 + \sum_{k=2007}^{2018} \beta_k \times (CPA_i \times D_t^k) + \sum_j \beta_j \times X_{it} + \gamma_i + \lambda_t + \varepsilon_{it}, \quad (4-2)$$

其中,D_t^k 为 2007—2018 年各年份的虚拟变量[①],β_k 为本研究所关注的系数。

表 4-4 给出具体的估算结果,从中可见:①在政策实施前 (2007—2010 年),各年份虚拟变量与政策的交互项系数均较小且缺乏统计显著性,意味着贫困县与非贫困县具有相同的事前经济增长趋势,同时也表明政策未在事前对样本产生影响;②在政策实施后 (2012—2018 年),交互项系数迅速增大,且均在 1% 的置信水平上显著,进一步佐证了本章的基本结论,集中连片特困区政策确实促进了贫困地区的经济发展。

表 4-4 集中连片特困区政策对经济增长的逐年影响

	(1)	(2)	(3)
集中连片特困区政策×2007 年	0.013 (0.017)	0.013 (0.017)	0.010 (0.016)
集中连片特困区政策×2008 年	−0.006 (0.014)	−0.006 (0.014)	−0.008 (0.013)
集中连片特困区政策×2009 年	0.015 (0.010)	0.015 (0.010)	0.016 (0.011)
集中连片特困区政策×2010 年	0.008 (0.008)	0.008 (0.008)	0.007 (0.009)

① 本章以政策实施前一年 (2011 年) 为基年,因而在回归中剔除了"集中连片特困区政策×2011 年"这一变量。

续表

	(1)	(2)	(3)
集中连片特困区政策×2012年	0.040*** (0.010)	0.040*** (0.010)	0.041*** (0.010)
集中连片特困区政策×2013年	0.054*** (0.010)	0.054*** (0.010)	0.056*** (0.010)
集中连片特困区政策×2014年	0.074*** (0.015)	0.074*** (0.015)	0.076*** (0.013)
集中连片特困区政策×2015年	0.103*** (0.019)	0.103*** (0.019)	0.105*** (0.017)
集中连片特困区政策×2016年	0.126*** (0.021)	0.126*** (0.021)	0.130*** (0.019)
集中连片特困区政策×2017年	0.145*** (0.023)	0.145*** (0.023)	0.150*** (0.020)
集中连片特困区政策×2018年	0.165*** (0.025)	0.165*** (0.025)	0.171*** (0.021)
县级固定效应	是	是	是
年份固定效应	是	是	是
时间趋势		是	是
其他控制变量			是
样本量（个）	20 727	20 727	20 375
R^2	0.824	0.824	0.844

注：上述回归中的结果变量均为人均GDP。第（1）列控制了县级固定效应和年份固定效应，第（2）列进一步控制一阶和二阶时间趋势，第（3）列引入年末常住人口数量（对数形式）和人口密度（人口数/km²）作为额外控制变量。括号内数字为聚类至地级市层面的标准误差。***表示在1%水平下显著。

为更清晰地展示集中连片特困区政策的动态效应，图4-1绘制了表4-4第（2）列中的历年估计系数及其95%置信区间。从图中可以看出：在政策实施前，回归系数始终接近0；而在政策实施后，回归系数迅速跃升为正值，且随着时间推移呈现出逐年增大的趋势。这意味着，集中连片特困区政策不仅具有立竿见影的效果，且随着政策的不断深化其效果越发彰显。

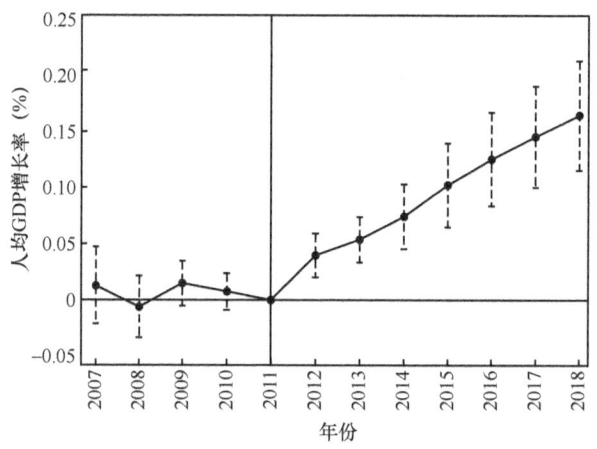

图 4-1 平行趋势检验与动态效应分析

其次,本小节进行平衡性检验。Powell 和 Seabury(2018)指出,为确保双重差分法的估算结果是真实有效的,除一致的事前趋势外,假如政策并未实施,处置组和对照组样本还应具有相同的事后变化趋势;换言之,在集中连片特困区政策实施后,两组样本经济发展水平的变化应仅受此政策的影响。对于本章的研究而言,主要的质疑可能在于,为取得脱贫攻坚战的全面胜利,在实施区域扶贫开发政策的同时,上级政府可能也会向贫困地区选派更具有能力的官员。倘若如此,基准结果所捕捉的影响应为扶贫政策与官员能力提升的叠加效应,因而是有偏差的。为此,本小节采用下述分析框架,考察政策实施前后选派至贫困地区的主要官员(县委书记和县长)的能力是否有所变化:

$$y_{pt} = \alpha_0 + \sum_k \alpha_k \times (Z_p \times Post_t) + \sum_j \alpha_j \times X_p + \gamma_i + \lambda_t + \varepsilon_{pt}, \quad (4-3)$$

其中,y_{pt} 表示官员 p 在第 t 年是否被任命为贫困县的领导;Z_p 刻画了官员的激励和能力,包括晋升激励(与前文一致,用官员 p 履职时年龄是否小于 50 岁来衡量)、受教育程度(官员 p 履职时是否获得研究生学历)和本地官员身份(官员 p 出生地与任职地是否相同);$Z_p \times Post_t$ 捕捉了在政策实施前后,相较于非贫困县,贫困县官员的激励与能力的变化;X_p 为官员 p 的其他特征,包括性别和民族;γ_i 和 λ_t 分别为任职县所属城市的固定效应和就职年份的固定效应;ε_{pt} 为扰动项。

若满足平衡性条件,则估算出的系数 α_k 应缺乏统计显著性,表明政策实施前后组间官员的任命考量不存在差异。表 4-5 给出具体估算结果:①3 种激励和能力的估算结果[表 4-5 第(1)至第(3)列]与将其放在统一框架内的估算结果［表4-5第（4）列］具有较好的一致性，主要系数同样不受到增减控制变量的影响；②与预期一致，3个交互项的估计系数缺少统计显著性，表明贫困地区的官员选派并未在政策实施前后呈现出显著变化。

表4-5 平衡性检验

	（1）	（2）	（3）	（4）	（5）
晋升激励×政策前后	-0.009 (0.022)			-0.021 (0.034)	-0.011 (0.038)
受教育程度×政策前后		-0.008 (0.016)		-0.010 (0.027)	0.005 (0.032)
本地官员×政策前后			0.026 (0.048)	0.059 (0.083)	0.082 (0.257)
晋升激励	0.007 (0.022)			0.025 (0.036)	0.020 (0.038)
受教育程度		0.010 (0.014)		0.015 (0.022)	0.010 (0.025)
本地晋升			-0.162*** (0.053)	0.148** (0.063)	-0.199 (0.167)
政策前后	0.002 (0.033)	0.039 (0.032)	-0.027 (0.030)	-0.005 (0.052)	-0.034 (0.059)
市级固定效应	是	是	是	是	是
年份固定效应	是	是	是	是	是
其他控制变量					是
样本量（个）	8363	6565	6480	4238	3583
R^2	0.663	0.684	0.667	0.661	0.621

注：上述回归中的结果变量均为官员是否在对照组任职。其他控制变量包括官员性别（男性＝1；女性＝0）和民族（汉族＝1；其他民族＝0）。括号内数字为聚类至县级层面的标准误差。***、**分别表示在1％、5％水平下显著。

再次，本小节进行内生性检验。平行趋势检验和平衡性检验表明，贫困县和非贫困县在政策实施前后均具有较好的可比性；在此基础上，本小节采用倾向得分匹配（PSM-DID）的方法更为严格地提高处置组和对照组样本的可比性，从而进一步缓解可能由选择偏差所导致的估算偏误。具体而言，首先，根据民政部公布的集中连片特困区身份认定标准，本小节选取 2011 年[①]的人均 GDP、农民人均纯收入、人均财政收入、人均财政支出、人口密度和特殊照顾地区虚拟变量等变量作为匹配变量[②]，利用 probit 回归估计出各县的倾向得分，即各县获得集中连片特困区身份的概率 [详见书后附表 1，第（1）列给出具体估算结果]；基于此，进一步采用一对一匹配的方式得到共同支撑域内相互匹配的处置组和对照组样本，从而在相同变化趋势的基础上进一步增强了两组样本在事前时点水平值的可比性[③][④]；最后，仅使用匹配后的样本重新估算式（4-1）。表 4-6 第（1）列给出利用上述 PSM-DID 方法估算出的结果，估计系数的数值和统计显著性与基准结果较为相似，证明了本章的基准结果是真实可靠的。

表 4-6 内生性检验

	PSM-DID 估计	IV 估计
	（1）	（2）
		第一阶段
集中连片特困区标准×政策前后		0.793 *** (0.030)

---

① 为确保各匹配变量尚未受到政策的影响，应选取事前时点的数值进行匹配（贾俊雪 等，2019）。本章也尝试基于各匹配变量在其他年份的数值进行估算，所得结果均较为一致。

② 为进一步缩小匹配后农民人均纯收入的组间差异，本小节在匹配变量中还加入了其平方项（Guo et al., 2014）；特殊照顾地区是指"老"（革命老区）、"少"（少数民族自治地区）、"边"（陆地边境地区）三类地区。

③ 书后附表 1 第（2）至第（5）列给出匹配质量检验的结果。本小节遵循 Caliendo、Kopeinig（2008）和贾俊雪等（2017）的做法进行了三组平衡性检验：首先，由附表 1 第（4）列的 t 检验结果可知，匹配后处置组和对照组样本的所有匹配变量的均值都没有显著差异，即并未在 5% 的置信水平上显著；其次，由第（5）列可知，匹配后各变量的组间标准化偏差较小（标准化偏差为：$(\bar{X}_1 - \bar{X}_0)/\sqrt{0.5 \times (S_1^2 + S_0^2)}$，其中，$\bar{X}_1$ 和 S_1^2 分别为处置组变量的均值和方差，$\bar{X}_0$ 和 S_0^2 分别为对照组变量的均值和方差，由此可见，该值越小意味着组间差异越小），表明匹配样本不存在系统性差异；最后，本小节基于匹配后样本重新估计了倾向得分 probit 模型，附表 1 最后一行表明，R^2 由匹配前的 0.566 下降为 0.015，说明模型对匹配后样本被选为贫困县的解释力很弱，即匹配样本具有较好的相似性。

④ 倾向得分匹配法还需要满足共同支撑条件。这一条件可以确保匹配后样本具有良好的可比性，因此，可以显著提高样本匹配质量、增加倾向得分匹配法估计的有效性（Heckman et al., 1998）。但需要注意的是，共同支撑域是整个匹配样本的一个子集，因此，倘若共同支撑域内的匹配样本数量较少，那么倾向得分匹配法识别出的只是一个子集效应（Lechner, 2001）。书后附图 1 显示：匹配前，两组样本倾向得分的概率分布存在明显差异且重叠区域（共同支撑域）较小；匹配后，它们的分布具有较好的一致性，且重合区域足够大，从而可以确保利用匹配样本的估计结果是准确可靠的。

第4章 "自上而下"治理模式：县域瞄准

续表

	PSM-DID 估计	IV 估计
	（1）	（2）
		第二阶段
集中连片特困区政策×政策前后	0.085*** （0.022）	0.117*** （0.023）
县级固定效应	是	是
年份固定效应	是	是
时间趋势	是	是
样本量（个）	6869	17 896
R^2	0.890	0.836

注：括号内数字为聚类至地级市层面的标准误差。*** 分别表示在1%水平下显著。

PSM-DID方法可以有效消除处置组和对照组样本间在可观测维度上的差异，但是通常难以矫正不可观测偏差（Ichino et al., 2008）。为此，本小节进一步采用工具变量（IV）方法矫正内生性问题的可能影响。国务院扶贫办2011年的文件指出，以2007—2009年均值为标准，只有当某县人均GDP、农民人均纯收入和人均财政收入3项均低于西部地区平均值时，该县才具有获得贫困县身份的资格。基于这一规定，本小节可以得到各县的理论处置状态，并将其当作各县实际处置状态的工具变量。表4-6第（2）列给出具体估算结果，从中可知：①第一阶段的估计系数为0.793，且在1%的置信水平下显著为正，意味着当某县理论上具有贫困县资格时，其最终入选概率较其他县高出79.3个百分点，特别地，F值检验不仅高于10的经验阈值，也高于Stock和Yogo（2005）的弱工具变量检验临界值，证明了工具变量的有效性；②第二阶段的估算结果显著为正，进一步印证了本小节基准结果的真实性。

最后，为排除其他非随机因素可能对本章基准结果的干扰，本小节借鉴Pinotti（2017）的思路利用随机抽样方法构造安慰剂检验。具体地，从样本县中随机抽取产生630个新的处置组和1219个新的对照组（630和1219分别为样本中真实的处置组和对照组数量），以此为基础重新对式（4-1）进行估算；将上述过程重复1000次，得到1000组结果（图4-2）。既然处置组和对照组是随机抽取产生的，若基准分析已较好地控制了非随机因素的影响（或非随机因素的影响较弱），则这些结果应服从均值为零的正态分布，且真实估算系数应位于上述分布之外（或某一置信区间之外）——这得到图4-2的较好支持，表明基准分析总体上较好地排除了非随机因素的影响。

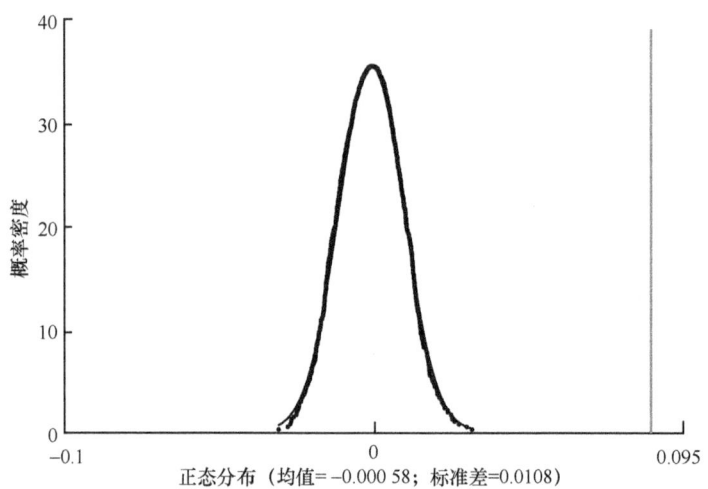

图4-2 随机生成处置组和对照组样本的估计系数分布

（2）其他稳健性检验

第一，利用一系列子样本重新进行估计。首先，鉴于西藏自治区、四省藏区和南疆三地州等3个片区与其余片区在地理位置（集中于西部及西南边境）和片区范围划定上（在划定14个片区时，首先确定了上述3个片区，其余片区在此之后确定）存在差异，本小节在样本中剔除上述3个片区，并重新估算结果。其次，考虑到集中连片特困地区多位于内陆省份（孙久文 等，2019），本小节剔除沿海省份各县，并进行重新估算。最后，鉴于在以往的扶贫实践中中央可能更加关心（因而政策倾斜于）革命老区、少数民族自治地区和陆地边境地区，与此同时，尽管有研究认为国家级贫困县政策在样本期内的作用趋弱（Liu et al.，2019），但为排除其可能存在的影响，本小节将具有上述身份的样本全部剔除，再次进行估算。表4-7面板1第（1）至第（3）列分别给出估算结果：各估算结果与基准结果均保持了较好的一致性，说明本章的基准结果是稳健的。

表4-7 稳健性检验

	(1)	(2)	(3)
面板1：子样本估计			
	剔除特殊片区	剔除沿海省份	剔除特殊照顾地区
集中连片特困区标准×政策前后	0.111*** (0.019)	0.072*** (0.019)	0.080*** (0.032)
样本量（个）	18 721	15 215	10 802
R^2	0.828	0.849	0.782
面板2：更换结果变量			
	地区经济总量	户籍人口计算均值	
集中连片特困区政策×政策前后	0.095** (0.035)	0.072*** (0.017)	
样本量（个）	21790	21431	
R^2	0.840	0.801	
面板3：更换标准误差聚类层级			
	聚类至省级	聚类至县级	聚类至城市-年份
集中连片特困区政策×政策前后	0.095** (0.035)	0.095*** (0.011)	0.095*** (0.024)
样本量（个）	20 727	20 727	20 724
R^2	0.822	0.822	0.822
面板4：更换固定效应			
集中连片特困区政策×政策前后	0.080*** (0.018)	0.046*** (0.016)	0.060*** (0.021)
片区-年份固定效应	是		
省份-年份固定效应		是	
城市-年份固定效应			是
样本量（个）	20 703	20 727	20 727
R^2	0.836	0.858	0.904

注：括号内数字为聚类至地级市层面的标准误差。***、**分别表示在1%、5%水平下显著。

第二，更换被解释变量的度量方法。在基准分析中，本小节使用人均GDP的对数值来衡量地区经济发展水平，其中地区人口使用的是常住人口。此处，本小节首先使用地区经济总量来替换人均值，即将地区 GDP 的对数值作为新的被解释变量，同时也尝试使用户籍人口作为地区人口计算人均值。由表4-7面板2给出的估算结果可见：与基准结果一致，集中连片特困区政策确实有助于贫困地区经济发展水平的提升。

第三，将标准误差聚类至其他层级。本小节将标准误差分别聚类至省级和县级，从而考虑县级经济发展相关性的不同来源；同时，借鉴 Jia 等（2015），本小节也进行了城市和时间层面上的双重聚类。由表4-7面板3可知：标准误差聚类层级的改变并未对本章基本结论产生显著影响。

第四，加入其他固定效应。首先，考虑到各片区的地理特征和区域经济结构可能对域内各县的经济发展产生影响，本小节引入片区-年份固定效应加以控制——处置组所属片区既定，对照组则归属于距其直线距离最近的片区；其次，为剔除省级和市级经济政策的影响，借鉴 Liu 和 Mao（2019）研究成果，本小节引入省份-年份和城市-年份固定效应。表4-7面板4给出的估算结果与基准结果相似，具有较好的统计显著性。

4.3.3 机制分析：集中连片特困区政策的作用途径

本小节从产业结构和财政金融政策两方面对集中连片特困区政策的作用机制进行考察。首先，本小节以人均三次产业增加值为被解释变量，揭示经济增长的主要驱动部门。[①] 长期以来，中国的区域开发政策多被认为是"东亚模式"的拥趸——工业化驱动了经济增长，但因忽视第三产业等而导致发展的持续性不足（Jia et al., 2020）；那么，集中连片特困区政策是否能够克服后劲不足的弊端呢？由表4-8给出的估算结果可以看出：①相较于非贫困县，集中连片特困区政策促使贫困县的人均第二产业增加值上升17.6个百分点［第（2）列］，表明集中连片特困区政策仍主要通过加快当地工业化步伐来带动经济发展；②特别地，人均规模以上工

---

① 为确保结果的有效性，此研究对本小节涉及的被解释变量均采用事件分析的形式［即式（4-2）］进行重新估算，所得结果汇总于书后附图2中。

业企业增加值的增速[第(3)列]与第二产业增速非常接近,意味着大型工业企业在贫困地区工业化过程中扮演了至关重要的角色;③贫困地区的第一产业也得到了长足发展[第(1)列],与此同时,尽管第三产业的增长速度仍不及第一、第二产业[第(4)列],但也因受益于集中连片特困区政策而获得了显著增长,这意味着集中连片特困区政策可能为贫困地区注入了长期持续增长的动力。

表4-8 集中连片特困区政策的作用机制

机制1:产业结构

	人均第一产业增加值	人均第二产业增加值	人均规模以上工业企业增加值	人均第三产业增加值
	(1)	(2)	(3)	(4)
集中连片特困区政策×政策前后	0.077*** (0.018)	0.176*** (0.030)	0.170*** (0.046)	0.048** (0.023)
样本量(个)	20 552	20 552	16 861	20 678
R^2	0.760	0.659	0.552	0.832

机制2:财政金融政策

	人均财政支出	财政支出效率	人均金融机构贷款余额
	(5)	(6)	(7)
集中连片特困区政策×政策前后	0.060*** (0.018)	-0.197** (0.088)	0.158*** (0.036)
样本量(个)	20 555	18 375	20 526
R^2	0.890	0.531	0.831

注:上述各回归中均控制了县级固定效应、年份固定效应和时间趋势。括号内数字为聚类至地级市层面的标准误差。***、** 分别表示在1%、5%水平下显著。

需要注意的是,在回应上述质疑的同时,我们也应意识到:就我国国情来看,判断经济发展模式优劣的标准不应基于其是否以工业化为主导,而更应该关注这一模式是否切合贫困地区实际,是否有助于补足地区经济发展短板、优化地区经济结构。在政策实施前,连片特困地区存在着一组突出的矛盾:一方面,域内产业结构失衡问题较为严重,第一产业比重过高,而第二、第三产业发展不足;另一方面,由于区域自然条件恶劣、生态环境脆弱,本身并不适合农业,特别是现代农业的发展(金卓 等,2019)。以新疆南疆三地州为例,《新疆南疆三地州集中连片特困地区兵团片区区域发展与扶贫攻坚"十三五"规划(2016—2020年)》中指出,在集中连片特困区政策实施之前,2010年域内的三次产业增加值占比为56∶17∶27,工业化水平明显落后于其他地区,第二产业占比过低(而非过高)成为制约其经济发展的症结所在;得益于集中连片特困区政策,2015年其占比已改善至37∶37∶26,并预期在2020年进一步优化为27∶44∶29。由此可见,本小节的结果恰好表明了集中连片特困区政策的发展模式符合当地实际,对区域发展规划的完成起到了支撑作用。

其次,本小节考察财政政策的影响。早在连片特困地区名单公布之前,中央便已强调财政应在区域扶贫开发中起到重要作用;特别地,《中国农村扶贫开发纲要(2011—2020年)》明确提出要"加大对连片特困地区的投入和支持力度,中央财政专项扶贫资金的新增部分主要用于连片特困地区"。[①] 那么,贫困地区的财政支出能力是否因此有所改善,从而促进了地区的经济发展呢?为回答这一问题,本小节首先使用人均财政支出作为被解释变量,重新对式(4-1)进行估算。由表4-8第(5)列可以看出,回归系数显著为正,表明贫困县的财政支出水平得到了显著提升。然而,需要认识到的是,除财政支出水平(量)外,财政支出的最终影响还取决于财政资金的使用效率(质)(Liu et al., 2019)。为此,本小节进一步利用人均问题财政资金数额来衡量财政资金使用效率。由表4-8第(6)列的估算结果可以看出,贫困县在获得更多财政扶贫资金的同时,其资金使用也比非贫困县更加规范,"挪用""滥用"财政资金的数量远低于非贫困县。综上,集中连片特困区政策从"质"与"量"两方面促进了财政政策作用的发挥。

进一步,本小节考察金融政策的影响。为满足连片特困地区的信贷需求,除创新贫困地区金融产品和服务方式及支持小额信用贷款等鼓励性金融政策外,国家扶贫规划中明确指出贫困地区县域法人金融机构需将新增可贷资金70%以上留在当地使用。若这一政策得到很好的贯彻落实,无疑会极大缓解贫困地区融资难的问题。为此,本小节继续考察集中连片特困区政策对于人

---

① 非常遗憾的是,本研究没有获取到县级财政转移支付信息,但根据《中国农村扶贫开发纲要(2011—2020年)》,提高对贫困地区转移支付的根本目的还是在于提高地方的财政支出能力,进而发挥财政支出的乘数效应、拉动地方投资水平的提升。因此,本小节通过地方政府财政支出水平的变化来考察财政在区域扶贫中的作用。

均金融机构贷款余额的影响。表4-8第（7）列的结果显示，贫困县获得的金融机构贷款数量显著增加，连片特困地区内实施的金融政策同样为贫困地区的经济发展做出了重要贡献。

4.3.4 集中连片特困区政策的经济增长效应是否具有益贫性

改革开放以来，党和政府始终坚持"发展才是硬道理"的理念，通过区域开发政策拉动贫困地区经济增长，进而经由涓滴效应使贫困人口分享经济增长的红利（Montalvo et al.，2010）。然而，近年来，随着经济增速回归新常态，涓滴效应的益贫机制是否畅通有效引起了广泛的探讨（叶兴庆，2016）。对于本章而言，尽管集中连片特困区政策显著促进了贫困地区的经济发展，但若广大贫困群体并未因此而获益，那么作为一项扶贫工程该政策也难言成功。为此，本小节从多维贫困（收入、医疗、教育）的视角出发考察集中连片特困区政策的经济增长效应是否具有益贫特征。[①]

首先，本小节考察贫困地区的人民收入水平改善情况。考虑到我国脱贫攻坚的主战场是广大农村地区，本小节使用农民人均纯收入来衡量地区收入水平（World Bank，2001；Meng，2013）。由表4-9第（1）列可知，与非贫困县相比，集中连片特困区政策促使贫困县农民人均纯收入提高10.6个百分点，且这一影响在1%的置信水平下显著。这表明，集中连片特困区政策引致的经济增长倾向于通过涓滴效应切实提高了农民的收入水平。进一步，国家统计局农村社会经济调查司（2009）指出，当前农村贫困人口仍以务农为主业，农业收入占其总收入一半以上，因而农作物产量的提升有助于贫困人口收入水平的提升；与此同时，地区粮食产量的提升，也将直接有助于解决贫困人口的温饱问题（公茂刚 等，2010）。[②] 有鉴于此，本小节继续考察集中连片特困区政策对人均粮食产量和人均肉类产量的影响。由表4-9第（2）至第（3）列的估算结果可知：在政策实施之后，贫困地区的人均粮食产量增速得到了显著提升（估计系数为0.055，且在1%置信水平下显著），而人均肉类产量也呈温和增长（尽管缺乏统计显著性，但估计系数为正）。如前所述，这

[①] 与机制分析部分的做法类似，为确保结果的有效性，此研究对本小节涉及的被解释变量同样采用事件分析的形式［即式（4-2）］进行重新估算，所得结果汇总于书后附图3中。
[②] 公茂刚等（2010）指出，在国务院扶贫办重点调查的100个贫困村中，36.4%的农户面临不同程度的粮食短缺问题。不难想见，当地区粮食产量提升时，这部分困难群众的温饱问题将得以缓解。

进一步佐证了贫困地区经济增长的益贫性，也意味着贫困地区自主解决辖区内贫困人口温饱问题的能力得以提升。

表 4-9 集中连片特困区政策对福利水平的影响

结果变量	农民人均纯收入	人均粮食产量	人均肉类产量	每万人医疗机构床位数	小学在校生占总人口比重
	（1）	（2）	（3）	（4）	（5）
集中连片特困区政策×政策前后	0.106*** (0.014)	0.055*** (0.020)	0.025 (0.027)	0.083*** (0.023)	−0.075*** (0.019)
样本量(个)	19 017	15 438	17 133	20 530	20 554
R^2	0.944	0.090	0.166	0.650	0.136

注：上述各回归中均控制了县级固定效应、年份固定效应和时间趋势。括号内数字为聚类至地级市层面的标准误差。*** 表示在1%水平下显著。

其次，本小节考察集中连片特困区政策对于医疗和教育贫困的改善。王小林和 Sabina（2009）基于 Sen（1999）提出的多维贫困理论，对我国的贫困特征进行分析，发现：①除收入贫困外，大部分贫困人口还面临着其他维度的贫困；②在这些维度中，医疗和教育维度的贫困最为突出。这与胡鞍钢和李春波（2001）、张车伟（2003）的研究不谋而合，均强调旨在提升贫困地区医疗水平和教育质量的扶贫政策将有效助力贫困人口脱贫。为此，本小节利用每万人医疗机构床位数来作为地区医疗水平的代理变量、以小学在校生占总人口比重来衡量地区教育水平，分别考察集中连片特困区政策对于这两个贫困维度的影响。表 4-9 第（4）和第（5）列分别给出上述两方面的估算结果：①集中连片特困区政策明显改善了贫困县的医疗水平，体现在每万人医疗机构床位数的显著增长上；②贫困地区的教育发展情况仍不容乐观，表现为小学在校生占总人口比重显著下滑。习近平总书记于 2015 年做出了"治贫必先治愚，扶贫必先扶智"的论断，特别强调要将提高贫困人口的受教育水平作为扶贫开发的重要任务。然而，就本小节结果来看，尽管贫困地区在收入和医疗维度的扶贫工作上取得了显著的成绩，但在教育维度上仍然任重而道远，这可能将成为"后脱贫时代"巩固和深化扶贫工作的重要方向。

4.4 小结

改革开放以来，由于地区间存在自身差异和我国实施的非均衡发展战略，尽管我国的整体经济发展迅速，但是区域间、县域间的经济水平仍存在较大差距。如何实现地区间的均衡发展，让更多的人口分享到经济发展的成果成为亟待解决的问题。为进一步加快落后区域的发展速度，解决剩余贫困人口的脱贫问题，我国政府在2012年实施了集中连片特困区政策，旨在切实解决连片特困地区内的"三农"问题。本章利用双重差分回归的方法，估算了2007—2018年这一政策对连片特困地区的影响。

本章的研究结果表明：①集中连片特困区政策显著加快了连片特困地区的经济发展速度，且这种经济增长具有较强的益贫性，促使辖区内人民的收入水平和福利水平显著上升；②三次产业结构得到了明显改善，工业化水平显著提高；③财政政策和金融政策在治理过程中发挥了举足轻重的作用。由此可见，"自上而下"的治理模式在我国仍然可以发挥积极的作用，是促进乡村振兴、实现国家善治的重要途径。结合上一章的结果来看，当治理主体向基层下沉时，这种治理模式的效果会越发彰显，这也契合当前精准扶贫的基本思想。

第5章

"自下而上"治理模式：农村专业合作组织

　　长期以来，学术界和各国政府一直在积极探索如何优化完善基层治理体系，以有效推进国家治理能力现代化和经济社会的长治久安。特别地，20世纪80年代以来，为有效解决市场失灵和政府失灵，世界各国开始更多地尝试在基层治理中推行政府组织与非政府组织（社会组织）的共治，基层治理主体经历了由"一元"（政府主导）向"多元"（政府、社会组织和基层民众共同参与）的转变（Ostrom, 2010；萨拉蒙, 2002）。当前，我国正处在市场经济发展、社会结构转型和政府职能转变的新的历史时期，单纯依靠政府组织往往难以顾及基层治理的方方面面（一些领域政府介入亦是不经济的），迫切需要发展社会组织来创新基层治理体系（徐林 等，2017；黄晓春 等，2017）。党的十八大以来，中央高度重视社会组织在国家治理中的作用，明确提出创新社会治理体制和激发社会组织活力等政策目标，强调要充分发挥社会组织在创新基层治理和促进经济社会发展中的积极作用。特别地，党的十九大提出乡村振兴战略，强调创新乡村治理体系是乡村振兴战略的必由之路——只有各基层治理主体全面积极参与，才能走出一条乡村善治之路，有效促进农业农村发展和农户增收、解决"三农"问题。因此，如何有效促进基层社会组织的健康发展、充分发挥基层社会组织的积极作用，已成为推进我国国家治理现代化、实现乡村振兴战略和经济社会长治久安亟须深入探究的一个重大问题。

　　从理论上看，社会组织作为介于国家与个人之间的次级群体组织，具有能够紧密联系民众、整合民间资源、积累社会资本和自我治理等特性，亦能较好地反映民众多元化利益诉求、维护民众权益，因而可以较好地弥补市失灵和政府失灵，优化公共服务体系和国家治理体系（Rose-Ackerman，1986；Ostrom，2010；萨拉蒙，2002）。[①] 然而，社会组织同样可能存在失灵问题——这与它的组织制度安排（内部治理结构）和外部制度环境密切相关（Salamon，1987；Drucker，1990）。就组织制度安排而言，内部激励机制和民主机制尤为关键——作为一种自治性组织，社会组织可能会因缺乏有效的内部激励而使成员主体积极性不足、组织效率低下，也可能会因民主程度较低、监督机制不健全而存在"精英捕获"等问题（Werker et al.，2008；Ostrom，2010；Aldashev et al.，2018）。就外部制度环境而言，涉及的因素众多——已有文献普遍特别关注政府的政策扶持、管控和干预等塑造的制度条件（制度性激励、约束机制和资源配置机制等）的制约影响（Meyer et al.，1977；Greenwood et al.，2011；Wry et al.，2013）。上述问题在中国可能会越发突出：我国社会组织（尤其基层社会组织）发展时间较短，内部治理结构普遍不够健全，"能人现象"比较突出（罗家德 等，2012、2013；董洪江 等，2016）；而且规模往往较小，内生发展动力不足，更需要政府（尤其地方政府）的政策扶持，也更有可能因遭遇各种隐性管控壁垒和不当干预等而出现预期从属[②]和体制依附（进而丧失一定独立性和自主性）等问题（Ma，2002；王名 等，2002；刘振国，2010；王诗宗 等，2014；徐林 等，2017；黄晓春 等，2017）。

由此可见，组织制度安排和外部制度环境对于社会组织的作用发挥至关重要——这在中国可能表现得尤为突出。目前，国外学术界对上述问题进行了较深入的实证研究（Werker et al.，2008；Aldashev et al.，2018）。例如，Gauri 和 Galef（2005）探究了孟加拉国社会组织利用小额信贷服务进行扶贫的作用，发现不当激励导致这些组织出现行为异化，致使部分贫困群体被排除在服务之外，制约了扶贫成效；Barr 等（2005）考察了乌干达社会组织的内部治理问题，发现这些组织普遍存在内部激励不足和监督机制不健全等问题；Cameron 等（2019）考察了印度尼西亚社会组织在改善村庄卫生条件中的作用，发现这些组织较好地协调了与村庄行政组织的关系，因而取得良好成效。相比而言，学术界关于中国社会组织的研究还主要是学理性分析，关

[①] 关于社会组织在公共服务提供和国家治理中的作用及相关问题，请参见 Werker 和 Ahmed（2008），以及 Aldashev 和 Navarra（2018）的详细介绍。
[②] 预期从属（Anticipatory Subordination）是指社会组织会倾向于实施它所认为的能够获得政府或其他权力组织认同或迎合某些权力组织偏好的政策（如主动寻求挂靠于政府部门），从而获得这些权力组织较积极的回应，获取更多的资源和支持。

注的重点在于政府塑造的宏观制度环境的影响,一定程度上忽略了组织制度安排影响的深入探究(纪莺莺,2013);且由于缺乏较好的微观数据,经验研究大多为案例性分析(少数文献进行了计量分析,但样本量较有限且多为相关性分析),还鲜有深入、严谨的大样本微观实证研究(Yu et al.,2012;侯江红 等,2018),因而无法厘清组织制度安排和外部制度环境对我国基层社会组织作用发挥的深刻影响。①

本章以我国农村专业协会为研究对象,旨在探究组织制度安排和外部制度环境对基层社会组织作用发挥的影响,对已有文献进行有益补充。农村专业协会是我国农村专业合作组织的一种——与专业合作社和股份合作社等其他农村合作组织(它们是具有市场法人资格的经济组织,故非本章研究对象)不同,它是我国农村最基层的社会组织(廖祖君,2010;李庚,2011),这为本章深入分析上述问题提供了一个良好契机。② 鉴于农村专业协会的主要职能是提供现代农业技术和信息服务以促进农村经济发展和农户增收(详见下文制度背景介绍),本章考察的重点在于农村专业协会在促进农村经济发展和农户增收中的作用,以及组织制度安排和外部制度环境对其增收效应的影响。

改革开放以来,历经40多年的积极探索,我国农村基本形成了以基层党组织(村党支部)为核心、村民自治组织(村委会)为主体、社会组织(以农村专业协会等为代表)为有机组成的多元化基层治理体系(张艳娥,2010;贺雪峰,2017)。③ 目前,大量文献考察了村民自治民主、村委会与党支部(以及它们的关系)的影响(Zhang et al.,2004;Shen et al.,2008;章奇 等,

---

① 例如,王诗宗等(2014)利用117个社会组织的调查问卷数据,考察了组织资源等因素对社会组织自主性的影响;甘思德、邓国胜(2012)利用73家全国性行业协会的调查问卷数据,分析了协会自主性等因素对协会游说行为的影响;吴结兵、沈台凤(2015)利用2005年中国综合社会调查数据,考察了参加社会组织对居民投票行为的影响。不过,这些研究均不同程度上忽略了组织制度安排和外部制度环境的影响,也没有较好地处理内生性问题(故未能较好地识别出因果性影响)。关于中国社会组织研究文献的详细介绍,请参见Yu、Zhou(2012)和侯江红、刘文婧(2018)。关于国外此类文献的详细介绍,请参见Werker、Ahmed(2008)和Aldashev、Navarra(2018)。

② 截至2016年年底,我国登记在册的农村专业(技术)协会有89 863个(不含北京、天津和上海市)。农村专业协会包括专业技术协会和行业协会等,在我国民政部门登记注册为社会团体法人。国内学术界往往将农村专业协会、农村专业合作社和股份合作社等统称为农村专业合作组织,但农业专业合作社和股份合作社是在工商部门注册登记的具有市场法人资格的经济组织,并非社会组织。

③ 张艳娥(2010)从政权本位和社会本位视角出发,将我国农村基层治理主体划分为:制度性治理主体(包括村党支部和村委会等)和非制度性治理主体(包括各类农村社会组织和农村宗族等)。

2004；罗仁福 等，2006），但关于农村基层社会组织（尤其是农村专业协会这一社会组织）的研究还尚显不足——已有关于农村专业协会的研究大多为描述性和案例性的分析，未能深入揭示这一基层治理主体在促进农村经济发展和农户增收中的作用，以及组织制度安排和外部制度环境的重要影响（袭著燕 等，2013；师亦琪 等，2017）。[①] 事实上，由我国 2003—2016 年的省级面板数据可知：农村专业协会对农民人均纯收入倾向于没有产生显著的正影响（图 5-1a）；但随着市场化程度的提升（即政府不当干预的减少）和村委会干部数量的增加，农村专业协会的增收效应明显增强（图 5-1b 和图 5-1c）。这凸显出（政府干预和村委会影响等）外部制度环境对于这一基层社会组织作用发挥的重要性，但宏观数据限制了就组织制度安排和外部制度环境影响进行更深入、细致的分析。

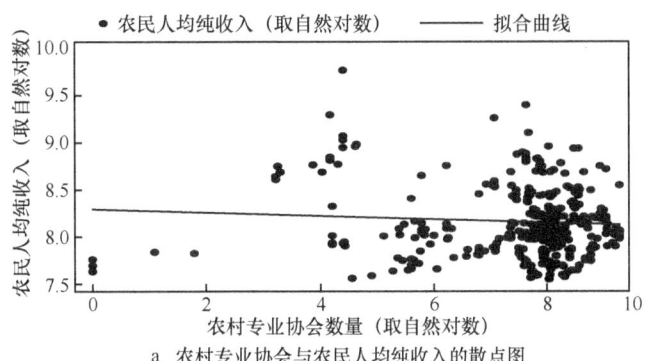

a 农村专业协会与农民人均纯收入的散点图

---

① 例如，《农村专业技术协会的研究》课题组（1993）回顾总结了 20 世纪 80 年代农村专业协会的发展历程；潘劲（1996）阐述了农村专业协会产生和发展的条件；国鲁来（2003）分析了农村专业协会在农业公共技术创新体系建设中的作用；李庚（2011）和张平等（2013）探讨了 21 世纪以来农村专业协会发展中存在的问题和解决对策；吴娟等（2017）则重点分析了 2006 年以来江苏省农村专业协会的发展状况和未来发展策略；徐辉、李录堂（2009）利用 176 户农户调查数据考察了农村专业协会人力资本团队的影响因素；还有大量针对各地农村专业协会的案例分析。更全面、详细的文献介绍，请参见袭著燕等（2013）和师亦琪等（2017）。需要指出的是：目前国内学术界实证研究的重点在于农村专业合作社和股份合作社对农户收入的影响，如黄季焜等（2010）、温涛等（2015）、王图展（2016）和杨丹、刘自敏（2017）；但正如前文指出的，农村专业合作社和股份合作社是具有市场法人资格的经济组织，并非本章的研究对象。

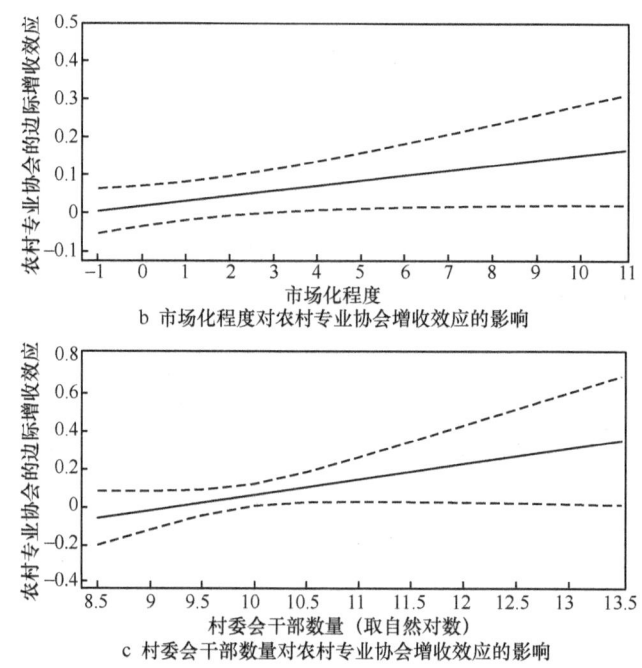

图 5-1　2003—2016 年各省农村专业协会对农民人均纯收入的影响及市场化程度和村委会干部数量对农村专业协会增收效应的影响①

为了更细致、严谨地剖析上述问题，本章首先结合我国农村专业协会的发展实践构建一个简单理论模型，分析农村专业协会及其制度安排对农户收入的影响及其机制，提出理论命题；进而以 2126 个村庄的调查数据为基础进

---

① 图 5-1a 纵轴为 2003—2016 年省份农民人均纯收入 Y（利用农村居民消费价格指数折算为 2003 年为基期的实际值，取自然对数），横轴为农村专业协会数量（取自然对数）Rsa。拟合曲线回归结果为：$Y = 0.105_{(5.570)} + 0.05_{(0.034)} Rsa + X$，$R^2 = 0.14$，样本数为 359；$X$ 为控制变量（限于篇幅，结果未报），包括市场化程度、村委会干部数量（取自然对数）、人口数量（取自然对数）、农村人口比重、第一产业增加值比重和第二产业增加值比重；同时控制了时间和省份固定效应；小括号中的数字为标准误。图 5-1b 纵轴为农村专业协会的边际增收效应，横轴为市场化程度 Mak；该图反映了回归方程 $Y = -1.791_{(5.553)} + 0.014^{**}_{(0.007)} Rsa \times Mak + X$ 中交互项 $Rsa \times Mak$ 的显著正影响（** 表示在 5% 的置信水平下显著，X 除了基准控制变量外还包含 Rsa）。图 5-1c 纵轴也为农村专业协会的边际增收效应，横轴为村委会干部数量（取自然对数）Rwh；该图反映了回归方程 $Y = 2.644_{(5.658)} + 0.084^{*}_{(0.049)} Rsa \times Rwh + X$ 中交互项 $Rsa \times Rwh$ 的显著正影响（* 表示在 10% 的置信水平下显著，X 除了基准控制变量外还包含 Rsa）。图 5-1b 和图 5-1c 中，实线为农村专业协会边际增收效应的拟合曲线，虚线为 95% 置信区间。农民人均纯收入数据来自历年《中国统计年鉴》，农村专业协会数量来自历年《中国科学技术协会统计年鉴》，村委会数据来自历年《中国民政统计年鉴》，市场化指数数据来自王小鲁等编纂的《中国分省份市场化指数报告（2016）》，其余数据来自中经网统计数据库。

行实证检验。特别地，本章利用倾向得分匹配双差分策略（Propensity Score Matching with Difference-in-Difference）构造拟自然实验，以期较好地矫正选择偏差（Select Bias）问题（即内生性问题），识别出农村专业协会对农户收入的因果处置效应。

本章结构安排如下：第 5.1 节介绍农村专业协会的发展；第 5.2 节构建一个简单理论模型，就农村专业协会及其制度安排对农户收入的影响及其机制进行理论分析；第 5.3 节给出本章的计量策略，并介绍数据和变量；第 5.4 节给出实证及稳健性检验结果；第 5.5 节为本章的结论部分。

5.1 政策背景

党的十一届三中全会以来，我国全面实施了家庭联产承包责任制，赋予农户完全的生产经营自主权，为农业农村发展注入了新的活力。然而，随着生产经营由高度集中转变为高度分散决策，农户不得不独自面对千变万化的市场，生产经营风险明显增大。更突出的是：组织化缺失的小农户经济使得农业科技推广变得日益困难，农户获取专业技术的难度和成本不断增加，极大限制了农业生产率的提升和农户收入的增加。在此情境下，为较好地解决上述问题，农村专业协会作为连接市场、技术与农户的一个重要纽带应运而生——1980 年，我国第一个农村专业协会成立。

时至今日，我国农村专业协会已走过近 40 年的风雨历程，逐步发展演化为致力于提供农业产前、产中和产后服务以促进农业农村发展和农户增收的农村基层社会服务组织。农村专业协会的业务范围主要涉及如下两个重要方面：第一，推广普及现代农业科学技术知识和实用技术，开展各类技术交流培训活动，提升农户的科学素养和专业技术水平，引导农户依靠技术进步发展农业、增加收入；第二，提供生产资料购买、农产品销售等市场信息服务，拓宽农户信息获取渠道，缓解信息不对称问题，降低交易风险和交易成本（李庚，2011）。

农村专业协会秉承"民办、民管、民受益"的基本原则，展现出较鲜明的科技性、非政府性和民主性等特征。具体而言，科技性是农村专业协会的基础——在我国农村经济体制改革和政府职能转变的背景下，农村专业协会以农业科学技术为纽带，将分散的农户组织起来，成为农户获取专业技术的重要媒介桥梁（李红玲，2014）。而且，以科技手段帮助农户发展生产、增加收入是专业协会的根本目的，故其承担了农村生产队遗留下来的部分职能，构成农村基层自治组织（村委会）的一个有益补充。此外，农村专业协会遵循农户自愿参与退出原则，具有较独立的章程①，不受政府直接控制。原则上，农村专业协会的成立和会员资格条件较低，且不受行政隶属和区域限制（既可以是单个村庄的，也可以是跨村、跨地区的）。不过，实践中农村专业协会大多为村级的和乡级的，协会的发起人和骨干成员往往是农村的"技术能人"和"专业大户"，故存在所谓的"能人效应"。而且，农村专业协会的组建和运行需投入一定资源，以及协调与上级政府和村委会的关系，故在很多情况下，上级政府和村委会也承担起发起人的角色，通过相关政策支持帮助农户组建和发展农村专业协会。这些都使得农村专业协会不可避免地受到各种干预，但总体上保持了较好的相对独立性和非政府组织的特性②。这也体现在：农村专业协会不以营利为目的，经费主要来自规定范围内的业务收入和农户缴纳的会费等（也正因如此，农村专业协会常常面临着资金匮乏的困境）；组织盈余收入通常按农户缴纳会费的一定比例（或倍数）进行返还分红，这会产生较强的激励效应，但实践中能进行盈余分红的协会数量较少，明显限制了其作用的发挥。最后，与大多数非政府组织一样，农村专业协会亦十分强调民主决策的重要性，成为农户进行利益诉求和维护自身合法权益的一个较重要的渠道。但实践中出于各种原因，农村专业协会也出现了各种"异化"现象（如"能人效应"导致的"精英捕获"），使得民主决策原则没有得到良好的贯彻遵循，这也明显制约着农村专业协会积极作用的发挥。

农村专业协会这一社会组织的建立发展是我国现代农村基层治理体系建构

---

① 1990年，国家科委出台了《农业技术经济服务合作协会示范章程》，并在青海等省进行试点推广。1994年，中共中央4号文件强调要抓紧制定《农民专业协会示范章程》。同年，农业部颁布了《农民专业协会示范章程》，与中国科协等部门协同推动了陕西和四川等省的试点工作。

② 一般而言，农村专业协会成立要求具备一定数量的发起人和成员、正式的协会名称、组织机构、办公地点和协会章程，以及合法的资产和经费来源等；满足条件的向主管部门（如中国科协）提出申请，经审查批准后成立，并到民政部门登记注册，获得社会团体法人资格。对于会员，一般要求是从事某一专业生产或与专业生产有关的个人或团体。跨村专业协会通常规模相对较大、业务范围相对较广，但组织结构较松散、服务功能较弱。政府牵头成立的农村专业协会通常是政府涉农部门或协会主管部门为了便于开展工作、行使职能，以农户为基础牵头成立的（农户往往也愿意将协会挂靠依托于这些部门以寻求政策支持）；村委会牵头成立的农村专业协会基于类似逻辑，因而往往能与村委会实现功能互补和核心人员互融。这两类农村专业协会通常能获得较大的政策支持，但受到的干预往往也较大。这些都表明我国农村专业协会的建立并不是外生随机的。关于农村专业协会的详细介绍，请参见《农村专业技术协会的研究》课题组（1993）和李庚（2011）。

实践中的一次积极探索,其与农村基层党组织(村党支部)、村民自治组织(村委会)一起构成了我国农村多元化的基层治理体系,对于乡村振兴、农业发展和农户增收具有积极意义。但这一积极作用能否得到良好的发挥,很大程度上取决于农村专业协会的制度安排(即内部治理结构),以及与其他治理主体(村委会和上级政府等)的互动关系(即外部制度环境)。鉴于此,本章从理论和实证两个层面剖析农村专业协会对农户收入的影响及其制约因素。

5.2 理论分析

结合我国农村经济和农村专业协会的发展实践特点,本节在已有农村经济模型的基础上加以拓展,构建一个包含信贷约束和专业协会的理论模型,剖析专业协会及其制度安排对农户收入的影响及其机制。

5.2.1 模型框架

在一个由 N 个村庄组成的农村经济中,村庄 i 的农户拥有的时间标准化为 1,其中用于家庭农业生产的劳动时间为 L_{ait}(获取农业收入),用于非农部门(即到非农部门打工)的劳动时间为 L_{nit}(获取非农收入),则闲暇时间为 $1 - L_{ait} - L_{nit}$。就我国现实情况来看,农户属于弱势群体,长期以来在非农部门劳动市场上的工资议价能力弱,故不妨假定农户在非农部门打工的工资率 w_t 对其而言是外生的;农户打工会涉及交通成本和找工作花费的时间等成本,借鉴 Adamopoulos 等(2017)的思路,本部分引入 $\mu w_t L_{nit}$,$\mu \in (0, 1)$ 来捕捉这些成本,则农户的非农收入为 $(1 - \mu) w_t L_{nit}$。① 农户的偏好为:

$$E_0 \int_0^\infty e^{-\rho t} u(C_{it}, L_{ait}, L_{nit}) dt, u(C_{it}, L_{ait}, L_{nit})$$

---

① 引入农户的非农劳动和非农收入是基于中国现实的考量:非农收入已成为我国农户收入一个较重要的组成部分(本章数据表明,非农收入占农户总收入的比重平均为30%)。我国农村经济主要是一家一户的小农经济,长期以来,家庭农业生产构成农户主要的农业生产活动,而农户获取非农收入的主要途径是外出打工。我们也可放松非农劳动工资率 w_t 为外生的假定,遵循 Adamopoulos 等(2017)和盖庆恩等(2017)的做法,考虑非农部门生产函数为:$Y_{nt} = Z_{nt} L_{nit}$,Y_{nt} 和 Z_{nt} 分别为非农部门的产出和生产率。由非农部门利润最大化可得:$w_t = Z_{nt}$,Z_{nt} 对农户而言是外生的,因此这不会明显改变理论分析的基本结论。

$$= \frac{[C_{it}(1 - L_{ait} - L_{nit})^\theta]^{1-\sigma}}{1-\sigma}, \sigma, \theta, \rho > 0, \quad (5-1)$$

其中,ρ 为贴现率;σ 为相对风险厌恶因子;E_0 为零期期望算子;θ 为闲暇效用参数;C_{it} 为农户消费。

农户从事家庭农业生产活动的生产函数为:

$$Y_{it} = Z_{it}(K_{it}^\alpha L_{ait}^{1-\alpha})^\beta H_{it}^{1-\beta}, 0 < \alpha, \beta < 1, \quad (5-2)$$

其中,K_{it} 和 H_{it} 分别为农户的资本和土地投入——改革开放以来,我国农村实行了家庭联产承包责任制,农户拥有的土地 H_{it} 通常为外生给定的;Z_{it} 为生产率水平。正如前文指出的,我国农村专业协会的主要职能是推广普及现代农业技术和降低信息成本等,故借鉴 Kline 和 Moretti（2014）的思路,本节将 Z_{it} 设定为:①

$$\text{Ln}(Z_{it}) = g_{it} d_{it} + \omega_i + \varphi_t + \xi_{it}, \quad (5-3)$$

其中,d_{it} 为专业协会哑变量：若村庄 i 的农户参加了专业协会,则 $d_{it} = 1$,否则 $d_{it} = 0$。因此,$g_{it} > 0$ 捕捉了参加专业协会给农户带来的生产率提升程度。ω_i 捕捉了村庄地理自然环境等因素的影响;φ_t 为共同生产率冲击;ξ_{it} 捕捉了村庄政策等因素导致的不同村庄农户生产率的异质性。

无疑,影响 g_{it} 的潜在因素很多,本部分主要关注农村专业协会制度安排（内部治理结构）的影响,依据现实情况（详见前文制度背景介绍）,将其表示为 $g(e_{it}, \gamma_{it}, s_{it})$。② 其中,$e_{it} = f_{it}/M_{it}^{1-\eta} \geq 0$ 捕捉了农户参加专业协会学习运用新技术以提升生产率的有效努力程度：有效努力越大,生产率提升幅度越大（即 $g_e = \partial g_{it}/\partial e_{it} > 0$）。这一方面取决于农户的投入付出——结合实际情况,本部分利用农户缴纳的会费占其农业收入的比值,即会费比率 $f_{it} \in [0, 1)$ 加以捕捉；另一方面取决于专业协会的村庄覆盖范围（即覆盖村庄数量）$M_{it} \in [1, N]$——参数 $\eta > 0$ 捕捉了跨村协会（$M_{it} > 1$）可能产生的规模效应（节省技术推广成本等）和异质性需求效应（忽略不同村庄农户差异性技术需求等造成的不利影响）的综合影响：$\eta > 1$ 意味规模效应更明显,$0 <$

---

① 式（5-3）忽略了农户自身通过农业科技投入提升生产率的情况（除了参加专业协会获取技术以外）。这主要基于以下两点考虑：第一,本章关注的重点在于专业协会的影响；第二,更为重要的是,我国农村主要是一家一户的小农户经济,农户单纯依靠自身获取现代农业技术的渠道较少,成本较高,致使农户自身在农业生产技术上的投入普遍非常有限,这也正是专业协会建立的一个重要原因（详见制度背景介绍）。

② 为使理论模型更简洁且研究问题更突出,本章理论分析忽略了农村专业协会建立及其制度安排的内生选择问题,实证分析仔细处理了这一问题,并考察了外部制度环境的影响。

$\eta < 1$ 意味异质性需求效应更突出，$\eta = 1$ 则表明两种效应相当。此外，正如前文指出的，一些专业协会还会按照农户缴纳会费的一定倍数（或比例）$\gamma_{it} \geqslant 0$（其可能大于 1 也可能小于或等于 1）进行组织盈余收入的返还分红。这会产生激励效应，促使农户更积极地学习运用新技术，因此有：$g_\gamma = \partial g_{it} / \partial \gamma_{it} > 0$。最后，$s_{it} \in [0, 1]$ 捕捉了专业协会民主制度建设的影响：s_{it} 越大即专业协会的民主决策机制越强（特别地，$s_{it} = 0$ 意味着决策机制为完全非民主的，$s_{it} = 1$ 则表明决策机制为完全民主的），农户的利益诉求越容易得到满足，进而有利于技术推广和生产率提升，即 $g_s = \partial g_{it} / \partial s_{it} > 0$。

农户总收入为：

$$\pi_{it} = \pi_{ait} + \pi_{nit} = (1 - f_{it} d_{it} + \gamma_{it} f_{it} d_{it}) [(1 - \tau_t) Z_{it} (K_{it}^\alpha L_{ait}^{1-\alpha})^\beta H_{it}^{1-\beta} - (r_t + \delta_t) K_{it}] + (1 - \mu) w_t L_{nit}, \tag{5-4}$$

其中，$\pi_{ait} = (1 - f_{it} d_{it} + \gamma_{it} f_{it} d_{it}) [(1 - \tau_t) Z_{it} (K_{it}^\alpha L_{ait}^{1-\alpha})^\beta H_{it}^{1-\beta} - (r_t + \delta_t) K_{it}]$ 为农户的家庭农业生产利润（简称"农业收入"以与"非农收入"保持表述上的一致性）——中括号里为农户的税后农业产出 [$\tau_t \in [0, 1)$ 为农业税税率] 减去其生产投入成本，包括：资本投入的租金成本（r_t 为利率）和资本折旧损耗造成的维护成本（δ_t 为折旧率）（Moll，2014）;[①] $\pi_{nit} = (1 - \mu) w_t L_{nit}$ 为农户的非农收入。

农户的资产积累方程为：

$$a_{it} = \pi_{it} + r_t a_{it} - C_{it}, \tag{5-5}$$

其中，a_{it} 为农户的资产；$r_t a_{it}$ 为农户资产的利息收入（资产回报率为利率 r_t）。鉴于农村金融发展普遍滞后，农户往往面临较严重的借贷限制（Bardhan et al.，1999），因此，本部分考虑以下形式的抵押借贷约束方程（Moll，2014）：

[①] 2006 年，我国取消了农业税，在这种情况下，可将 $\tau_t y_t$ 理解为农民承担的其他税费负担。之所以只考虑上述生产投入成本，原因在于：农户从事的是家庭农业生产，故其无须支付工资成本；我国农村实行的是家庭联产承包责任制，农户无须为使用自己承包的土地支付租金，且由于各种原因（如农村土地产权不够清晰和农户担心丧失土地承包权等），长期以来农村土地流转规模较小，因此，土地租金通常也不构成农户的农业生产投入成本（盖庆恩 等，2017）。

$K_{it} \leq a_{it}$①。事实上，就我国实际情况来看，农村金融普遍无法满足农户最优生产资金需求（刘西川 等，2013），即上述抵押借贷约束方程通常是紧的：

$$K_{it} = a_{it} \text{。} \tag{5-6}$$

5.2.2 农户优化问题

农户的优化问题是在式（5-2）至式（5-6）的约束下选择最优的闲暇和劳动时间（及其在农业劳动和非农劳动之间的最优配置），以及最优的消费和资本投入来最大化其预期效用式（5-1），同时满足家庭农业生产利润（即农业收入 π_{ait}）最大化（Adamopoulos et al.，2017；盖庆恩 等，2017）②。求解农户最优化问题，可得以下一阶最优条件。

$$\theta\, C_{it}^{1-\sigma}(1-L_{ait}-L_{nit})^{\theta(1-\sigma)-1} = \lambda_{it}(1-\alpha)\beta(1-f_{it}d_{it}+\gamma f_{it}d_{it})(1-\tau_t) Z_{it} K_{it}^{\alpha\beta} L_{ait}^{(1-\alpha)\beta-1} H_{it}^{1-\beta}, \tag{5-7}$$

$$\theta\, C_{it}^{1-\sigma}(1-L_{ait}-L_{nit})^{\theta(1-\sigma)-1} = \lambda_{it}(1-\mu)w_t, \tag{5-8}$$

$$C_{it}^{-\sigma}(1-L_{ait}-L_{nit})^{\theta(1-\sigma)} = \lambda_{it}, \tag{5-9}$$

$$\dot{\lambda}_{it}/\lambda_{it} = \rho - r_t - (1-f_{it}d_{it}-\gamma f_{it}d_{it})[\alpha\beta(1-\tau_t) Z_{it} K_{it}^{\alpha\beta-1} L_{ait}^{(1-\alpha)\beta} H_{it}^{1-\beta} - r_t - \delta_t], \tag{5-10}$$

$$r_t + \delta_t = \alpha\beta(1-\tau_t) K_{it}^{\alpha\beta-1} L_{ait}^{(1-\alpha)\beta} H_{it}^{1-\beta} \text{。} \tag{5-11}$$

式（5-7）是关于农户的农业劳动投入的一阶最优条件，表明闲暇的边际效用 $\theta C_{it}^{1-\sigma}(1-L_{ait}-L_{nit})^{\theta(1-\sigma)-1}$ 等于农户资产的影子价格 λ_{it}（即哈密尔顿乘子）与农业劳动边际收益 $(1-\alpha)\beta(1-f_{it}d_{it}+\gamma f_{it}d_{it})(1-\tau_t) Z_{it} K_{it}^{\alpha\beta} L_{ait}^{(1-\alpha)\beta-1} H_{it}^{1-\beta}$ 的乘积。式（5-8）是关于农户非农劳动投入的一阶最优条件，意味着闲暇的边际效用等于资产影子价格与非农劳动边际报酬 $(1-\mu)w_t$ 的乘积。由

---

① 这一设定可由一个有限合约问题给出，因其设定简洁且能够很好地刻画实践中的借贷约束问题而得到广泛应用（Moll，2014；贾俊雪，2017）。更一般的形式为：$K_{it} \leq \zeta a_{it}$，ζ 为杠杆率。目前，缓解农户借贷约束较有效的方法是团体小额信贷，详细介绍见缪德刚（2016）。本章研究重点不在于借贷约束的影响，为简化起见，设 $\zeta=1$ 且未考虑小额信贷。长期以来，我国农村承包土地无法进行抵押贷款。2016 年 3 月，我国出台了《农村承包土地的经营权抵押贷款试点暂行办法》，开始推行农村承包土地经营权抵押贷款试点。
② 关于现实经济中农户是否追求家庭农业生产利润最大化，学术界还存在争议（Bardhan et al.，1999）。Bardhan 和 Udry（1999）指出，将农户视为追求家庭农业生产利润最大化的主体，以此作为比较经济现实的理论基准是有益的。

式（5-7）和式（5-8）可得，农户劳动时间在农业劳动和非农劳动之间进行最优配置的无套利条件，即二者的边际收益相等：$(1-\alpha)\beta(1-f_{it}d_{it}+\gamma f_{it}d_{it})(1-\tau_t)Z_{it}K_{it}^{\alpha\beta}L_{ait}^{(1-\alpha)\beta-1}H_{it}^{1-\beta}=(1-\mu)w_t$。式（5-9）是关于农户消费的一阶最优条件，意味着消费的边际效用 $C_{it}^{-\sigma}(1-L_{ait}-L_{nit})^{\theta(1-\sigma)}$ 等于资产影子价格。式（5-10）为农户资产的欧拉方程。式（5-11）是关于农户资本投入的一阶最优条件。

5.2.3 稳态均衡

经济达到稳态均衡时，有 $\dot{\lambda}_{it}=\dot{a}_{it}=0$，由此及式（5-7）至式（5-11）可得稳态的农户总收入 π^* 为：

$$\pi^*=\pi_a^*+\pi_n^*=\frac{(1-\mu)w}{1+\theta}+\frac{[1-\Phi(f,\gamma,d)]\pi_a^*}{1+\theta}, \quad (5\text{-}12)$$

其中，$\pi_a^*=\Omega(1-fd+\gamma fd)^{(1-\alpha\beta)/(1-\beta)}[Z(d,f,\gamma,M)]^{1/(1-\beta)}$ 和 $\pi_n^*=\frac{(1-\mu)w}{1+\theta}-\frac{[\theta+\Phi(f,\gamma,d)]\pi_a^*}{1+\theta}$ 分别为稳态的农户农业收入和非农收入；$\Phi(f,\gamma,d)=\frac{1}{1-\alpha\beta}\left[\frac{\beta}{1-\alpha}+\frac{\rho\theta\alpha\beta}{(1-fd+\gamma fd)(\rho+\delta)}\right]>0$；$\Omega=(1-\alpha\beta)(1-\tau)\left(\frac{\alpha\beta}{\rho+\delta}\right)^{\alpha\beta/(1-\beta)}\left[\frac{(1-\alpha)\beta}{(1-\mu)w}\right]^{(1-\alpha)\beta/(1-\beta)}H>0$。

以式（5-12）为基础，通过比较静态分析剖析农村专业协会及其制度安排对农户的农业收入和总收入的影响，具体结论可总结为以下理论命题。

命题 5.1：农村专业协会对农户总收入的影响不明确，对农户农业收入的影响亦不明确，取决于具体的制度安排——引入分红机制和民主决策机制有助于提升专业协会对农户农业收入的促进作用，而会费制度和组织村庄覆盖范围对专业协会的农业收入效应的影响不明确。

之所以农村专业协会对农户农业收入的影响不明确，究其原因在于：其可通过两种机制对农户农业收入产生相反影响——参加协会可提升农户的农业生产率进而农业收入，但也可能会增加农户负担（缴纳会费）进而对农户农业收入产生抑制作用［见式（5-12）］。① 采取会费制度是否会增强专业协会对农户农业收入的促进作用亦不明确，原因在于：会费比率越高，意味着农户通过专业协会提升生产率的有效努力越大，故有利于生产率进而农业收入的增加；但也意味着农户成本负担越重，不利于农业收入增加（除非得到的分红足以补偿这一成本增加造成的收入损失，即 $\gamma \geqslant 1$）。② 类似地，协会村庄覆盖范围对其农业收入增加效应的影响也不明确：当跨村技术推广带来的规模效应较大进而能够抵消因忽略不同村庄技术需求差异造成的不利影响（即 $\eta > 1$）时，跨村专业协会更有利于农户生产率的提高，故具有更好的增收效应；反之，则不利于农业收入增加。③ 这样，由式（5-12）可知：专业协会对农户总收入的影响，以及采取会费制度、村庄覆盖范围对专业协会农户总收入效应的影响也均不明确。

引入分红机制则可强化专业协会对农户农业收入的促进作用：γ 增加可直接补偿农户因缴纳会费而造成的收入损失，亦可激励农户更积极地参加专业协会以提升生产率水平。协会内部民主环境的改善有利于农户生产率的提升，故可提升专业协会对农户农业收入的促进作用。不过，由于农户的农业劳动投入和非农劳动投入之间进而农业收入与非农收入之间存在此消彼长的关系［见式（5-12）］，因此，引入分红机制和民主决策机制（可促使农户将更多劳动时间用于农业生产，但也意味着会挤占农户的非农劳动时间，导致农户

---

① 由式（5-12）可得：$\pi_a^* |_{d=1} - \pi_a^* |_{d=0} = \Omega \left\{ [1 + (\gamma - 1) f]^{(1-\alpha\beta)/1-\beta} (Z|_{d=1})^{1/(1-\beta)} - (Z|_{d=0})^{1/(1-\beta)} \right\}$（由于 d 为哑变量，故不能直接就其求偏导；$\pi_a^* |_{d=1}$ 和 $\pi_a^* |_{d=0}$ 分别为农户参加协会和未参加协会时的农业收入）。由于 $\gamma - 1$ 的符号不明确，故 $\pi_a^* |_{d=1} - \pi_a^* |_{d=0}$ 的符号不明确，即参加专业协会是否有利于农户农业收入增加不明确。上式中的 $Z|_{d=1} > Z|_{d=0}$ 捕捉了参加协会对农户生产率进而农业收入的正影响；$f(\gamma - 1)$ 捕捉了参加协会给农户带来负担增加进而对其农业收入可能产生的负影响。

② 在 $d = 1$（农户参加专业协会）的情况下，由式（5-12）可得：$\frac{\partial \pi_a^*}{\partial f} = \Omega Z^{1/(1-\beta)}$
$\frac{\partial \left[(1-f+\gamma f)^{(1-\alpha\beta)/(1-\beta)} \right]}{\partial f} + \Omega (1-f+\gamma f)^{(1-\alpha\beta)/(1-\beta)} \frac{\partial (Z^{1/(1-\beta)})}{\partial f} = \Omega (1-f+\gamma f)^{(1-\alpha)\beta/(1-\beta)} Z^{1/(1-\beta)}$
$\left[\frac{(1-f+\gamma f) M^{\eta-1} g_e}{1-\beta} + \frac{(1-\alpha\beta)(\gamma-1)}{1-\beta} \right]$。上式第一个等式中的 $\partial (Z^{1/(1-\beta)}) / \partial f$ 捕捉了会费比率 f 对农户生产率 z 的影响；第二个等式中括号里的第一项捕捉了 f 对农户生产率进而农业收入的正影响，第二项捕捉了参加协会给农户带来负担增加进而对其农业收入可能产生的负影响。由于 $\gamma - 1$ 的符号不明确，因此 $\partial \pi_a^* / \partial f$ 的符号不明确。

③ 由式（5-12）可知：$d = 1$ 时，$\partial \pi_a^* / \partial M = (\eta - 1)(1-\beta)^{-1} \Omega (1-f+\gamma f)^{(1-\alpha\beta)/(1-\beta)} Z^{1/(1-\beta)} M^{\eta-2} g_e$。由于 $\eta - 1$ 的符号不确定，故 $\partial \pi_a^* / \partial M$ 的符号亦不确定。

的非农收入减少)是否可增强专业协会对农户总收入的促进作用并不明确。[①]

下面利用1997年和2002年2126个村庄的调查数据和倾向得分匹配双差分法,构造拟自然实验,识别农村专业协会对农户的农业收入和总收入的因果效应,对理论命题5.1进行实证检验。

5.3 计量策略、数据与变量

5.3.1 计量策略

本部分实证分析旨在识别建立农村专业协会对村庄农户人均纯收入 Y 的因果效应。为此,本部分采用处置分析框架,利用 $RSA_i \in [0, 1]$ 表示村庄 i 是否建立专业协会:若建立,则 $RSA_i = 1$(村庄 i 为处置组);反之,$RSA_i = 0$(村庄 i 为对照组)。相应地,Y_{i1} 为村庄 i 建立专业协会($RSA_i = 1$)的人均纯收入,Y_{i0} 为村庄 i 未建立专业协会($RSA_i = 0$)的人均纯收入,这两个潜在结果的差值即为处置效应。但对村庄 i 而言,现实经济中只有其实际发生的结果才能被观测到,另一潜在结果需要反事实估计。故而,本部分关注于专业协会建立对处置组的平均处置效应(the average treatment effect on the treated, ATT)(Heckman et al., 1997),即

$$\tau_{ATT} \equiv E\{Y_{i1} - Y_{i0} \mid RSA_i = 1\} = E\{Y_{i1} \mid RSA_i = 1\} - E\{Y_{i0} \mid RSA_i = 1\}, \tag{5-13}$$

其中,$E\{Y_{i0} \mid RSA_i = 1\}$ 为非观测的反事实结果(即若处置组村庄未成立专业协会的结果变量);在随机实验环境下,其可直接由对照组的结果变量均值

---

① 由式(5-12)可知:$d = 1$ 时,$\partial \pi_a^* / \partial \gamma = (1-\beta)^{-1}\Omega(1-f+\gamma f)^{(1-\alpha\beta)/(1-\beta)} Z^{1/(1-\beta)}[(1-f+\gamma f)g_\gamma + (1-\alpha\beta)f] > 0$(中括号里第一项捕捉了 γ 对农户生产率进而农业收入的正影响)和 $\partial \pi_a^* / \partial s = (1-\beta)^{-1}\Omega(1-f+\gamma f)^{(1-\alpha\beta)/(1-\beta)} Z^{1/(1-\beta)} g_s > 0$($g_s$ 捕捉了 s 对生产率的正影响);$\dfrac{\partial \pi^*}{\partial \gamma} = \dfrac{(1-\Phi)}{1+\theta}\dfrac{\partial \pi_a^*}{\partial \gamma} - \dfrac{\partial \Phi}{\partial \gamma}\dfrac{\pi_a^*}{1+\theta}$ 和 $\dfrac{\partial \pi^*}{\partial s} = \dfrac{(1-\Phi)}{1+\theta}\dfrac{\partial \pi_a^*}{\partial s}$,其中,$\partial \Phi / \partial \gamma = -\rho\theta\alpha\beta f / [(1-\alpha\beta)(\rho+\delta)(1-f+\gamma f)^2] < 0$。由于 $1-\Phi$ 的符号不确定,故 $\partial \pi^* / \partial \gamma$ 和 $\partial \pi^* / \partial s$ 的符号不确定。由稳态的农户非农劳动投入 $L_n^* = (1-\mu)/(1+\theta) - (\theta+\Phi)\pi_a^* / [(1+\theta)w] \geq 0$ 可得:$1-\Phi \geq [(1+\theta)\pi_a^* - (1-\mu)w] / \pi_a^*$。故通过计算可知:只有当 $(1+\theta)\pi_a^* > (1-\mu)w$,即农户的家庭农业生产利润(闲暇效用参数调整后的)大于非农劳动边际报酬时,才有 $1-\Phi > 0$ 进而有 $\partial \pi^* / \partial \gamma > 0$ 和 $\partial \pi^* / \partial s > 0$。

加以度量。但对于本章研究而言，这一做法并不可行，原因在于：由前文制度背景介绍可知，专业协会的组建成立并非外生随机的，故可能存在较突出的选择偏差问题；换言之，即使没有建立专业协会，处置组和对照组村庄也可能存在明显差异（Caliendo et al.，2008）。①

本部分利用倾向得分匹配法矫正这一问题。该方法的基本思想是构造拟自然实验：利用 *probit* 等模型估计出样本村庄建立专业协会（给定综合特征 X 下）的条件概率，即倾向得分 $P(X)$；据此将处置组与对照组样本进行匹配，在匹配样本满足条件独立分布假定（即构造出拟自然实验，使得专业协会建立对于匹配后样本而言是条件外生随机的，不受观测和非观测变量的影响）下，处在共同支撑域 S_p 内匹配后对照组 I_0 的结果可视作处置组 I_1 的反事实结果，从而较好地矫正选择偏差。此时，专业协会的平均处置效应为：

$$\tau_{ATT}^{PSM} = \frac{1}{n_1} \sum_{i \in I_1 \cap S_p} \left\{ Y_{i1} - \sum_{j \in I_0 \cap S_p} W(i,j) Y_{i0} \right\}, \quad (5-14)$$

其中，n_1 为共同支撑域内处置组的数量；$W(i,j)$ 是匹配时对照组村庄 j 的权重。

值得注意的是，倾向得分匹配法能否有效解决选择偏差问题，很大程度上取决于影响处置发生和结果变量的因素是否都是可观测的——倘若存在非观测因素的影响，则结果仍可能有偏。为进一步控制时间和个体的固定效应等非观测因素的影响，本章最终使用的是倾向得分匹配双差分法。该方法较好地结合了倾向得分匹配法和双差分法的优势，在此类文献中得到广泛应用（Heckman et al.，1998；Caliendo et al.，2008）。相应地，平均处置效应为：

$$\tau_{ATT}^{PSM-DID} = \frac{1}{n_1} \sum_{i \in I_1 \cap S_p} \left\{ (Y_{i1}^{t_1} - Y_{i1}^{t_0}) - \sum_{j \in I_0 \cap S_p} W(i,j)(Y_{i0}^{t_1} - Y_{i0}^{t_0}) \right\}, \quad (5-15)$$

其中，村庄成立专业协会前时点（事前时点）为 t_0；成立后时点（事后时点）为 t_1。式（5-15）表明，倾向得分匹配双差分法分别通过处置组和对照

---

① 利用对照组村庄结果变量均值进行反事实推断得到的结果为：$\tau_{ATT} = \{E[Y_{i1} | RSA_i = 1] - E[Y_{i0} | RSA_i = 0]\} + \{E[Y_{i0} | RSA_i = 0] - E[Y_{i0} | RSA_i = 1]\}$，其中第二项为可能的选择偏差。选择偏差问题就是（核心解释变量为哑变量且使用处置分析框架时的）内生性问题——处置分析框架下得到无偏一致估计的 no select bias 假定（该假定有不同叫法，如本章使用的条件独立同分布假定，破坏该假定意味存在选择偏差问题）与线性回归模型得到无偏一致估计的外生性假定（破坏该假定意味存在内生性问题）二者完全一样（Imbens，2004；Guo et al.，2014）。矫正选择偏差问题的方法还有工具变量法、双差分法和断点回归等，每种方法都有各自的优势与不足，需要结合具体研究（如数据特点等）加以选择。

组自身的差分，即 $(Y_{i1}^1 - Y_{i1}^0)$ 和 $(Y_{i0}^1 - Y_{i0}^0)$ 消除两组样本自身的变化趋势，进而通过这两项的再次差分给出平均处置效应。

5.3.2 数据

本章数据来源于 2003 年"世界银行农村调查"在中国实施的子项目。该调查随机选取了甘肃、河北、江苏、吉林、陕西和四川 6 个省份（每个省份随机抽取了 6 个县，每个县随机抽取了 6 个乡镇），共涉及 2459 个村庄；提供了样本村庄 1997 年和 2002 年的社会经济和地理环境等基本信息、村主任信息（性别、学历和就职年份等），以及此间样本村庄成立农村专业协会的具体信息（表 5-1）。① 所以，本章使用的是两年村级面板数据：事前和事后时点分别为 1997 年和 2002 年。

表 5-1 农村专业协会的基本信息

	协会数量（个）	占协会总数的比重（%）	覆盖村庄数量（个）	占村庄总数的比重（%）
筹建主体				
上级政府	117	46.25	102	46.58
村委会	85	33.60	76	34.70
农户	34	13.44	33	15.07
未知	17	6.72	15	6.85
总计	253	100.00	219	103.20
成立年份				
1998 年之前	40	15.81	37	16.89
1998 年及之后	213	84.19	186	84.93
总计	253	100.00	219	101.82

---

① 目前，我国尚缺乏关于各省农村专业协会发展的详细信息。《中国科学技术协会统计年鉴》提供了关于农村专业技术协会发展的较全面的信息。由《中国科学技术协会统计年鉴（2004）》（该年鉴 2004 年首次出版）可知：2003 年，在 6 个样本省份中，四川省的技术协会数量最多（6405 个），吉林省最少（2556 个），其余 4 省的协会数量在 3000～4000 个；四川省的技术协会成员也最多（863 994 人），其余依次为江苏省（375 829 人）、河北省（275 735 人）、甘肃省（182 093 人）、陕西省（163 705 人）和吉林省（107 106 人）。

续表

	协会数量（个）	占协会总数的比重（%）	覆盖村庄数量（个）	占村庄总数的比重（%）
覆盖范围				
本村	138	54.55	124	56.62
跨村	113	44.66	97	44.29
未知	2	0.79	1	0.46
总计	253	100.00	219	101.37
会费制度				
需要缴纳会费	26	10.28	23	10.50
无须缴纳会费	210	83.00	186	84.93
未知	17	6.72	15	6.85
总计	253	100.00	219	102.28
分红制度				
分红	21	8.30	18	8.22
不分红	231	91.30	200	91.32
未知	1	0.40	1	0.46
总计	253	100.00	219	100.00
决策机制				
集体民主决策（一人一票）	128	50.59	118	53.88
非集体民主决策	125	49.41	104	47.49
总计	253	100.00	219	101.37

注：农村专业协会均为技术服务型，一些样本村庄建立了多个专业协会，导致覆盖村庄数量加总＞总计，占村庄总数的比重加总＞100%。

表5-1从以下5个方面给出农村专业协会的基本信息描述。①正如前文指出的，专业协会的建立和运行需要人力、物力和场地等资源投入，这往往给农户自发组建协会带来较大困难，而由上级政府和村委会牵头筹建则可较好地解决这些问题。事实上，本章的样本中有近半数（46.25%）的专业协会是由上级政府牵头成立的，村委会牵头建立的为总数的1/3左右（33.60%），而农户自发建立的专业协会只有13.44%。这意味着专业协会的创建并非外生随机的，可能存在较突出的选择偏差问题。②1998年以前，只有少数村庄

(37个) 成立了专业协会。此后，大量村庄陆续建立了专业协会。③根据其覆盖范围，专业协会可分为跨村的和本村的。其中，本村协会略占多数（138个），其余的（113个）为跨村协会。④少数专业协会明确规定需要缴纳会费，而此类组织普遍（26个中有21个）依据缴纳会费的一定比例（或倍数）给予农户盈余返还分红。⑤正如前文指出的，实践中农村专业协会出现了各种"异化"现象，使得民主决策原则并未得到完全有效的贯彻遵循。这可从本部分的样本中窥见一斑——只有半数的专业协会采取了集体民主决策机制（一人一票制），其余协会的重大决策则主要由骨干成员做主（表明可能存在较突出的"精英捕获"现象）。

本章对原始样本进行了以下处理：①剔除了1998年以前建立专业协会的村庄，以确保事前时点所有样本村庄均未受专业协会成立的影响；②剔除了关键信息（结果变量和匹配变量）缺失的样本；③为消除异常值的影响，剔除了变量值小于1%分位数和大于99%分位数的样本。这样，最终使用的样本由2126个村庄组成：处置组村庄（即1998—2002年建立了农村专业协会的村庄）和对照组村庄（此间未建立专业协会的村庄）的数量分别为146个和1980个，占比分别为6.9%和93.1%。

5.3.3 变量

本章的结果变量为村级农户人均纯收入（取自然对数）①，本章也考虑了农户人均农业收入（取自然对数）和人均非农收入（取自然对数）。为剔除通胀的影响，本章利用各省农村消费价格指数将上述变量折算为以1997年为基期的实际值。表5-2汇报了全样本及处置组和对照组样本在事前和事后时点的农户人均纯收入、人均农业收入和人均非农收入的基本统计描述。从中可以得到以下两点认识：①较富裕的村庄更倾向于建立农村专业协会——事前时点即1997年，处置组和对照组村庄的农户人均纯收入分别约为1422元

---

① 村级农户人均纯收入是由村领导（一般是村主任和村会计）填写调查表得到的。1997年，样本村人口加权的人均纯收入为1722多元，与国家统计局公布的当年农民人均纯收入（2090元左右）相差较小；6个样本省份的样本村人口加权人均纯收入与国家统计局公布的这6个省份农民人均纯收入的相关系数为0.971。2002年的情况类似：样本村人均纯收入为2131元，国家统计局公布数据为2475元；6个省份样本村人均纯收入与国家统计局公布数据的相关系数为0.964。由此可见，本研究的样本数据具有较好的代表性。

和1141元,且处置组村庄的农户人均农业收入和非农收入也都高于对照组(分别高出约138元和102元),但两组样本的收入结构比(即两类收入分别占总收入的比重)没有显著差异(表5-3)。②1997—2002年,样本村庄农户的人均纯收入、农业和非农收入均有较明显的增长,但处置组和对照组村庄的农户收入增速没有显著差异[表5-2第(4)列 Δ_t 行]。不过,由于潜在的选择偏差,很难由此直接判定专业协会对农户收入没有影响。

表5-2 结果变量的统计描述

结果变量	年份	均值			差异: (2)-(3) (4)
		全样本 (1)	处置组 (2)	对照组 (3)	
农户人均纯收入 (取自然对数)	1997 (t_0)	7.05 (0.67)	7.26 (0.69)	7.04 (0.66)	0.22*** (0.06)
	2002 (t_1)	7.28 (0.66)	7.50 (0.68)	7.26 (0.66)	0.24*** (0.06)
	Δ_t	0.23*** (0.02)	0.24*** (0.08)	0.22*** (0.02)	0.02 (0.02)
农户人均农业收入 (取自然对数)	1997 (t_0)	6.62 (0.68)	6.78 (0.76)	6.61 (0.67)	0.17*** (0.06)
	2002 (t_1)	6.69 (0.70)	6.87 (0.76)	6.67 (0.69)	0.20*** (0.06)
	Δ_t	0.07*** (0.02)	0.09 (0.09)	0.06*** (0.02)	0.03 (0.03)
农户人均非农收入 (取自然对数)	1997 (t_0)	5.52 (1.37)	5.84 (1.29)	5.49 (1.38)	0.35*** (0.12)
	2002 (t_1)	6.06 (1.29)	6.40 (1.14)	6.04 (1.29)	0.36*** (0.11)
	Δ_t	0.55*** (0.04)	0.56*** (0.14)	0.55*** (0.04)	0.001 (0.05)
村庄数(个)		2126	146	1980	

注:Δ_t 行的数值是其前一行与前两行数值之差,第(1)列至第(3)列括号内为标准差,第(4)列及 Δ_t 行括号内为标准误;*** 表示在1%水平上显著。

利用样本信息较丰富的特点,本章选取了29个匹配变量(表5-3)以尽可能减少非观测因素的影响,包括了事前时点(1997年)的村庄基本信息和村主任个人特征等指标。表5-3第(1)列给出全样本中这些变量的基本统计描述。从中可以看出:样本村庄平均由287户家庭(1130名村民)组成,其中汉族人口占到九成以上；在农户的收入构成中，非农收入平均占到30%，表明样本期内我国农村居民主要依靠农业生产经营活动获取收入；样本期内近七成村庄的村主任候选人是由上级政府指定的或需要上级政府的批准，意味着我国农村基层民主水平仍需进一步提高。

表5-3 匹配变量的统计描述和倾向得分估计结果

匹配变量	均值			差异：(2)-(3)(4)	倾向值得分估计：probit 回归(5)
	全样本(1)	处置组(2)	对照组(3)		
人口数量（取自然对数）	7.03 (0.68)	7.16 (0.75)	7.02 (0.67)	0.14** (0.06)	-0.16 (0.24)
家庭数量（取自然对数）	5.66 (0.73)	5.81 (0.81)	5.65 (0.72)	0.16** (0.06)	-0.19 (0.23)
完全不从事农业生产的家庭占比	0.05 (0.07)	0.04 (0.07)	0.05 (0.07)	-0.01 (0.01)	-1.14 (0.70)
劳动力数量（取自然对数）	6.30 (0.68)	6.47 (0.75)	6.29 (0.68)	0.19*** (0.06)	0.37** (0.19)
汉族人口比例	0.93 (0.23)	0.96 (0.17)	0.93 (0.23)	0.03 (0.02)	0.08 (0.23)
农户人均纯收入（取自然对数）	7.05 (0.67)	7.26 (0.69)	7.04 (0.66)	0.22*** (0.06)	0.19** (0.08)
非农收入占比	0.30 (0.22)	0.33 (0.22)	0.30 (0.22)	0.03 (0.02)	0.05 (0.22)
通电农户比例	0.94 (0.17)	0.92 (0.20)	0.94 (0.17)	-0.01 (0.01)	-0.29 (0.25)
通自来水农户比例	0.31 (0.40)	0.37 (0.43)	0.31 (0.40)	0.06* (0.03)	-0.43 (0.54)
村庄是否通柏油路（哑变量：是=1，否=0）	0.31 (0.46)	0.33 (0.47)	0.31 (0.46)	0.02 (0.04)	-0.12 (0.10)

续表

匹配变量		均值			差异：(2)-(3)(4)	倾向值得分估计：probit 回归 (5)
		全样本 (1)	处置组 (2)	对照组 (3)		
柏油路的类型	国家级	0.15 (0.36)	0.13 (0.34)	0.15 (0.36)	-0.02 (0.03)	0.05 (0.14)
	省级	0.18 (0.39)	0.14 (0.35)	0.18 (0.39)	-0.04 (0.03)	-0.11 (0.13)
	县级	0.32 (0.47)	0.34 (0.48)	0.32 (0.47)	0.02 (0.04)	0.03 (0.10)
平原面积占比		0.55 (0.38)	0.65 (0.36)	0.55 (0.39)	0.10*** (0.03)	-0.04 (0.18)
坡地（大于25°）面积占比		0.25 (0.29)	0.16 (0.24)	0.25 (0.29)	-0.09*** (0.02)	-0.37 (0.24)
人均土地面积（亩）		2.02 (1.50)	1.78 (1.22)	2.04 (1.52)	-0.26** (0.13)	-0.01 (0.04)
人均草地面积（亩）		0.22 (1.13)	0.12 (0.64)	0.23 (1.16)	-0.11 (0.10)	-0.04 (0.06)
草地质量	非常好	0.01 (0.09)	0.01 (0.12)	0.01 (0.09)	0.01 (0.01)	0.42 (0.41)
	好	0.04 (0.19)	0.03 (0.18)	0.04 (0.19)	-0.002 (0.02)	0.17 (0.25)
	一般	0.14 (0.35)	0.14 (0.35)	0.14 (0.35)	0.003 (0.03)	0.15 (0.13)
	较差	0.05 (0.23)	0.01 (0.12)	0.06 (0.23)	-0.04** (0.02)	-0.42 (0.30)
小学数量（所）		1.17 (0.75)	1.19 (0.62)	1.17 (0.76)	0.02 (0.06)	0.01 (0.07)
诊所数量（个）		1.42 (1.15)	1.61 (1.07)	1.40 (1.16)	0.21** (0.10)	0.02 (0.04)
村委会到乡镇政府距离（km）		5.14 (4.28)	4.28 (3.52)	5.20 (4.33)	-0.93** (0.37)	-0.02* (0.01)

续表

匹配变量	均值			差异：(2)－(3)(4)	倾向值得分估计：probit回归(5)
	全样本(1)	处置组(2)	对照组(3)		
村内最远村民小组间距离（km）	2.32(2.27)	2.13(1.88)	2.34(2.30)	－0.21(0.19)	0.005(0.02)
曾为本村村民的上级政府官员数（人）	4.47(5.49)	5.96(6.85)	4.37(5.36)	1.59***(0.47)	－0.005(0.01)
村主任候选人是否需要上级政府批准（哑变量：是=1，否=0）	0.67(0.47)	0.64(0.48)	0.68(0.47)	－0.04(0.04)	－0.14(0.09)
村长性别（男=1；女=0）	0.99(0.10)	0.99(0.08)	0.99(0.10)	0.003(0.01)	0.30(0.50)
村主任学历（文盲=1；小学=2；初中=3；高中=4；大专及以上=5）	3.16(0.75)	3.29(0.73)	3.15(0.75)	0.14**(0.06)	0.08(0.06)
R^2					0.05
村庄数（个）	2126	146	1980		2126

注：匹配变量均为事前时点即1997年的数值，第（1）列至第（5）列括号内分别为标准差和标准误。第（5）列略去截距项的回归结果，利用修剪策略剔除了倾向得分分布尾部2%的处置组样本以避免极端分布的影响，并剔除了落在共同支撑域外的处置组和对照组样本。*、**和***分别表示在10%、5%和1%水平上显著。

进一步，由表5-3第（2）列至第（4）列可知：总体而言，在事前时点，处置组和对照组村庄在人口数量、地理环境和村主任特征等多方面都存在明显差异，意味着农村专业协会的建立并非随机的，需要矫正选择偏差。特别地，处置组村庄平均而言拥有更大的人口规模和更多的劳动力（分别比对照组多出168人和106人，且至少在5%的置信水平上显著）。处置组和对照组村庄的基础设施条件（通电率和道路交通便利程度）总体上较相似，但处置组村庄拥有更好的农业生产条件（耕地更平整）。与对照组相比，处置组村庄与上级政府的关联较紧密，表现在曾为处置组村庄村民的上级政府（主要为乡镇和县级政府）官员数量更多。这也在一定程度上体现为处置组村庄的村委会与乡镇政府的距离更近,进而联系可能更加紧密。

5.4 实证结果

本部分利用倾向得分匹配双差分法识别出农村专业协会对村级农户收入的因果效应,然后考察组织制度安排和外部制度环境对专业协会增收效应的影响,最后进行稳健性分析。

5.4.1 倾向得分估计与平衡性检验

本部分利用 probit 模型估计出倾向得分,模型回归结果见表5-3第(5)列。结果表明:较富裕(具有较高人均纯收入)、具有较多劳动力和村委会到乡镇政府距离较近的村庄更倾向于建立农村专业协会(意味着这些因素可能是导致选择偏差问题的主要原因),这与前文描述性统计结果较一致。据此,本章利用5对1最邻近匹配法对处置组和对照组样本进行匹配。为确保结果的稳健性,本部分也使用了内核匹配法和半径匹配法。①

进而,本部分遵循 Caliendo 和 Kopeinig(2008)的做法对匹配样本进行平衡性检验(即条件独立分布假定检验),结果见表5-4。由表5-4第(3)列的 t 检验结果可知:匹配后处置组和对照组样本的所有匹配变量的均值都没有显著差异。而且,匹配后各变量的组间标准化偏差较小[见第(4)列],表明匹配样本不存在系统性差异。② 最后,本部分基于匹配后样本重新估计了倾向得分 probit 模型。表5-4最后一行表明,R^2 由匹配前的 0.050 下降为 0.005,说明模型对匹配后样本村庄是否建立专业协会的解释力很弱,即匹配样本具有良好的平衡性。上述检验表明:专业协会建立对于匹配后样本可观测特征变量而言是条

---

① 5对1最邻近匹配法是:对于每个处置组样本,利用对照组样本中与之倾向得分最接近的5个样本进行匹配。内核匹配法是:对于每个处置组样本,利用所有对照组样本的加权平均值与之匹配(权重为两组样本倾向得分差值的倒数)。本部分使用的是 Epanechnikov 内核,带宽为0.06,也尝试使用 Gaussian 内核和其他带宽设定,结果较一致。半径匹配法是:首先设定两组样本倾向得分差值的最大值即半径(得分接近度),然后对于每个处置组样本,利用半径内所有对照组样本与之匹配。本部分也尝试不同的半径取值,结果没有明显差异。

② 标准化偏差为:$(\bar{X}_1 - \bar{X}_0)/\sqrt{0.5(S_1^2 + S_0^2)}$,$\bar{X}_1$ 和 S_1^2 分别为处置组变量的均值和方差;$\bar{X}_0$ 和 S_0^2 分别为对照组变量的均值和方差。该值越小,意味着组间差异越小。目前,实践中通常使用10%甚至20%作为认定平衡性的标准。

件外生随机的，故可较好地矫正（上述因素等导致的）选择偏差问题。

表 5-4　匹配样本的平衡性检验

	均值		t 检验（p 值）（3）	偏差（%）（4）
	处置组（1）	对照组（2）		
人口数量（取自然对数）	7.14	7.15	−0.06（0.95）	−0.7
家庭数量（取自然对数）	5.80	5.79	0.06（0.95）	0.7
完全不从事农业生产的家庭占比	0.04	0.04	0.51（0.61）	5.3
劳动力数量（取自然对数）	6.46	6.46	−0.02（0.98）	−0.3
汉族人口比例	0.96	0.97	−0.53（0.60）	−4.8
农户人均纯收入（取自然对数）	7.26	7.24	0.22（0.83）	2.5
非农收入占比	0.33	0.33	−0.27（0.79）	−3.3
通电农户比例	0.93	0.93	0.03（0.97）	0.4
通自来水农户比例	0.36	0.36	0.03（0.97）	0.4
村内是否铺设柏油路	0.33	0.33	0.00（1.00）	0.0
村内是否有国家级公路通过	0.13	0.13	−0.07（0.95）	−0.8
村内是否有省级公路通过	0.15	0.16	−0.36（0.72）	−4.1
村内是否有县级公路通过	0.34	0.33	0.25（0.80）	2.9
平原面积占比	0.64	0.63	0.27（0.79）	3.1
坡地（大于25°）面积占比	0.17	0.17	−0.01（0.99）	−0.1
人均土地面积（亩）	1.78	1.79	−0.08（0.93）	−0.9
人均草地面积（亩）	0.12	0.13	−0.06（0.95）	−0.5
草地质量（非常好）	0.01	0.02	−0.28（0.78）	−4.0
草地质量（好）	0.03	0.03	0.00（1.00）	0.0
草地质量（一般）	0.15	0.15	−0.10（0.92）	−1.2
草地质量（较差）	0.01	0.02	−0.53（0.60）	−4.5
小学数量（所）	1.19	1.22	−0.34（0.73）	−4.0
诊所数量（个）	1.60	1.61	−0.07（0.94）	−0.9

续表

	均值		t 检验（p 值）(3)	偏差（%）(4)
	处置组 (1)	对照组 (2)		
村委会到乡镇政府距离（km）	4.31	4.44	-0.30（0.77）	-3.2
村内最远村民小组间距离（km）	2.13	2.13	0.03（0.97）	0.4
曾为本村村民的上级政府官员数	5.74	5.67	0.09（0.93）	1.1
村主任候选人是否需要上级政府批准	0.64	0.64	0.02（0.98）	0.3
村主任性别（男=1；女=0）	0.99	0.99	0.13（0.89）	1.5
村主任学历（文盲=1；小学=2；初中=3；高中=4；大专及以上=5）	3.28	3.25	0.34（0.74）	3.9
R^2	匹配前		匹配后	
	0.050		0.005	

正如前文指出的，除了平衡性条件以外，匹配样本还应具有良好的组间可比性，即需满足共同支撑条件。这得到图5-2的良好证实——处置组和对照组倾向得分分布的重合区间较大，即匹配样本较好地满足共同支撑条件（落在共同支撑域即重合区域外的样本被剔除掉）。

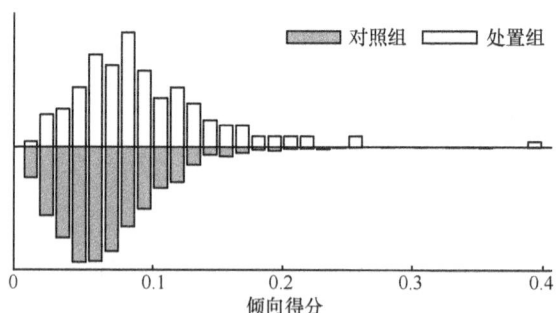

图5-2　处置组和对照组倾向得分分布

5.4.2　专业合作组织的增收效应

在确保匹配样本具有良好的平衡性后，本部分对理论命题5.1进行实证检验。表5-5给出农村专业协会对农户人均纯收入的平均处置效应。从中可以看出：不同匹配方法得到的平均处置效应较一致（半径匹配法的结果相对较小）；平均为0.037，即与对照组相比，样本期内处置组农户人均纯收入的增速平均高出3.7个百分点。不过，这一增收效应不具有统计显著性。类似地，专业协会对农户人均农业收入和人均非农收入的平均处置效应也均为正值但不显著。

表5-5 农村专业协会对处置组农户人均收入的影响

	5对1最邻近匹配 (1)	内核匹配 (2)	半径匹配 (3)
结果变量：农户人均纯收入			
平均处置效应	0.042 (0.029)	0.037 (0.028)	0.032 (0.028)
处置组样本数（个）	144	144	144
对照组样本数（个）	1980	1980	1980
总样本数（个）	2124	2124	2124
结果变量：农户人均农业收入			
平均处置效应	0.053 (0.037)	0.054 (0.035)	0.046 (0.035)
处置组样本数（个）	144	144	144
对照组样本数（个）	1978	1978	1978
总样本数（个）	2122	2122	2122
结果变量：农户人均非农收入			
平均处置效应	0.059 (0.054)	0.027 (0.050)	0.020 (0.049)
处置组样本数（个）	142	142	142
对照组样本数（个）	1929	1929	1929
总样本数（个）	2071	2071	2071

注：利用修剪策略剔除了倾向得分分布尾部2%的处置组样本以避免极端分布的影响，并剔除了落在共同支撑域外的处置组和对照组样本。括号内为标准误。

上述结果表明，我国农村专业协会总体上没有在促进农村经济发展和农户增收方面发挥显著的积极作用。这符合理论预期——正如前文理论分析指出的，专业协会的增收效应（尤其对农户农业收入的影响）很大程度上与其制度安排有关。下面将考察制度安排对专业协会增收效应的影响。

5.4.3 组织制度安排的影响

本部分通过分样本分析对理论命题 5.1 刻画的制度安排对专业协会增收效应的影响进行检验。[①] 首先，本部分检验协会村庄覆盖范围的影响。理论命题 5.1 指出：专业协会村庄覆盖范围的影响反映了规模效应和异质性需求效应的综合影响——跨村协会可带来规模效应，但也可能因忽略不同村庄农户的差异性技术需求而限制生产率的提升，故对协会增收效应的影响不明确。为此，本部分根据专业协会是否跨村将处置组分成两组，分别估计了它们的平均处置效应。表5-6第（1）列和第（2）列显示：当专业协会只覆盖单个村庄时，其对农户人均纯收入的平均处置效应为正（数值为0.106）且在1%的置信水平上显著，跨村协会的处置效应则不显著（t 检验也表明本村协会的处置效应显著大于跨村协会的）。这意味着我国农村专业协会跨村技术推广和信息服务可能产生的规模效应较小，不足以弥补因忽视不同村庄农户异质性需求而造成的不利影响。对于人均农业收入而言，上述结论同样成立——本村和跨村专业协会的平均处置效应分别为 0.144 和 0.006（前者在1%的置信水平上显著，后者不显著）。不过，无论是本村还是跨村的专业协会对人均非农收入的影响仍都不显著。由此可见，本村专业协会的增收效应主要源于其显著增加了农户的农业收入，这符合我国农村专业协会主要致力于农业技术推广和信息服务的职能定位。

[①] 下文分析使用的是5对1最邻近匹配法，限于篇幅略去其他匹配方法的结果（结果总体上具有较好的一致性）。

第5章 "自下而上"治理模式：农村专业合作组织

表 5-6 农村专业协会制度安排的影响

	协会村庄覆盖范围		协会是否收取会费			协会是否为集体民主决策	
	本村	跨村	收取		不收取	是	否
			引入分红机制				
	(1)	(2)	(3)	(4)	(5)	(6)	(7)
结果变量：农户人均纯收入							
平均处置效应	0.106*** (0.036)	−0.014 (0.049)	0.259*** (0.076)	0.049 (0.041)	0.041 (0.033)	0.084** (0.036)	0.012 (0.067)
效应差异	0.120** (0.060)		0.210*** (0.083)			0.073 (0.075)	
处置组样本数（个）	84	58	12	21	123	80	44
对照组样本数（个）	1980	1830	1556	1847	1980	1960	1849
总样本数（个）	2064	1888	1568	1868	2103	2040	1893
结果变量：农户人均农业收入							
平均处置效应	0.144*** (0.050)	0.006 (0.057)	0.332*** (0.083)	0.125* (0.066)	0.049 (0.042)	0.131*** (0.046)	−0.034 (0.081)
效应差异	0.138** (0.075)		0.206** (0.105)		0.076 (0.077)	0.165** (0.091)	
处置组样本数（个）	84	58	12	21	123	80	44

续表

	协会村庄覆盖范围		协会是否收取会费			协会县是否为集体民主决策	
	本村	跨村	收取		不收取	是	否
			引入分红机制				
	(1)	(2)	(3)	(4)	(5)	(6)	(7)
对照组样本数（个）	1978	1828	1554	1845	1978	1958	1847
总样本数（个）	2062	1886	1566	1866	2101	2038	1891
结果变量：农户人均非农收入							
平均处置效应	0.087 (0.077)	−0.015 (0.069)	0.259 (0.210)	0.032 (0.088)	0.041 (0.061)	0.042 (0.067)	0.109 (0.105)
效应差异	0.102 (0.104)		0.227 (0.215)		−0.009 (0.106)	−0.067 (0.123)	
处置组样本数（个）	82	58	12	20	122	79	44
对照组样本数（个）	1929	1784	1514	1801	1929	1910	1802
总样本数（个）	2011	1842	1526	1821	2051	1989	1846

注："效应差异"一行是两列[即第(1)列和第(2)列、第(3)列和第(4)列、第(5)列和第(6)列和第(7)列]平均处置效应的差值。*，**和***分别表示在10%，5%和1%水平上显著。利用修剪策略剔除了倾向得分分布尾部2%的处置样本以避免极端分布的影响，并剔除了落在共同支撑域外的处置组和对照组样本。括号内为标准误。

其次，理论命题 5.1 指出，对于农户而言，缴纳会费体现了其参加专业协会提升生产率的努力程度，但也意味着一种成本负担，因此，会费制度对专业协会增收效应的影响不明确。为检验会费制度的实际影响，本部分根据专业协会是否收取会费将处置组分成两组，分别估计了每组的平均处置效应。由表 5-6 第（4）列和第（5）列可知：引入会费制度在一定程度上增强了专业协会对农户农业收入的促进作用（不过，t 检验表明这一强化作用不显著），但没有改变专业协会对农户总收入的影响。此外，理论命题 5.1 还指出，若专业协会根据农户缴纳会费的一定比例进行盈余收入的返还分红，将有助于提升专业协会对农户农业收入的促进作用。实证结果较好地支持了这一点：表 5-6 第（3）列显示，专业协会的增收效应显著增强——与第（4）列的结果相比，此时农户人均纯收入和人均农业收入的平均处置效应显著增大（分别为 0.259 和 0.332，且在 1% 的置信水平上显著）。①

最后，本部分考察农村专业协会民主制度建设的影响。具体而言，本部分依据专业协会在重大决策时是否采用民主决策机制（一人一票制）将处置组村庄分成两组，分别给出每组平均处置效应的估计。由表 5-6 第（6）列和第（7）列可知：采用民主决策机制的专业协会总体上具有更突出的增收效应，体现在其对农户人均纯收入和人均农业收入的平均处置效应均显著为正（且数值较大），而未采取民主决策机制的专业协会的影响则不显著（不过，t 检验表明，这两类协会纯收入处置效应的差异不显著），这总体上较好地证实了理论命题 5.1 的结论。

总体而言，上述结果较好地揭示出组织制度安排的重要性，对于优化完善我国农村专业协会的制度安排和内部治理结构有良好启示——更加注重不同村庄的差异性技术需求，引入盈余返还分红制度以有效激发农户学习运用新技术的积极性，加强组织民主制度建设以避免"精英捕获"等"异化"现象，总体上有利于较好地发挥农村专业协会的增收效应。

5.4.4 外部制度环境的影响

上节考察了专业协会制度安排（内部治理结构）对其增收效应的影响。

---

① 由于收取会费但不分红的样本较少，无法给出准确估算，因此本章忽略了这种情况。

正如前文所述，大量研究指出外部制度环境（尤其政府政策扶持或不当干预）对于一个社会组织的良好运转和作用发挥亦十分重要（Greenwood et al.，2011；Wry et al.，2013；黄晓春 等，2017；徐林 等，2017）。这一点对于我国农村专业协会这一基层社会组织而言尤为关键——无论是组建还是运行，其都需要很好地协调与其他重要治理主体（即上级政府和村委会）的关系；而且，如何更好地发挥村委会尤其是上级政府对专业协会的政策支持引导作用、避免不当干预也是实践中农村专业协会发展需要着重解决的问题（见前文制度背景介绍）。为此，本节进一步考察外部制度环境（包括协会发起主体和所在村庄与上级政府的关联度）对农村专业协会增收效应的影响。①

前文指出，我国农村专业协会主要是由上级政府、村委会和农户发起建立的（表5-1），而发起主体的不同往往意味着专业协会与上级政府和村委会的关系进而所处的外部环境不同。因此，本节首先考察不同发起主体对专业协会增收效应的影响。特别地，本节将处置组村庄分为三组：上级政府发起组、村委会发起组和农户自发组，分别估计了它们的平均处置效应。由表5-7第（1）列至第（3）列可知：农户自发成立的专业协会的影响不显著，其他两类协会对农户人均纯收入和人均农业收入则具有显著的促进作用，其中，村委会牵头建立的专业协会的影响更为突出（两组估计系数的 t 检验也支持了这一点）。

表 5-7 外部制度环境的影响

	协会发起主体			协会所在村庄与上级政府关联度	
	上级政府	村委会	农户	较低	较高
	(1)	(2)	(3)	(4)	(5)
结果变量：农户人均纯收入					
平均处置效应	0.062* (0.033)	0.085** (0.035)	-0.053 (0.093)	0.055* (0.029)	0.009 (0.060)
效应差异	0.115 (0.094)		0.138* (0.095)	0.046 (0.068)	
处置组样本数（个）	51	59	35	82	58

---

① 社会文化因素（如社会流动性）等也可能构成专业协会发展的重要外部制度环境，但由于缺少相关数据，本章无法对这些因素的影响进行检验。

续表

	协会发起主体			协会所在村庄与上级政府关联度	
	上级政府	村委会	农户	较低	较高
	(1)	(2)	(3)	(4)	(5)
对照组样本数（个）	1960	1963	1759	951	1017
总样本数（个）	2011	2022	1794	1033	1075
结果变量：农户人均农业收入					
平均处置效应	0.100* (0.053)	0.118** (0.049)	−0.051 (0.100)	0.085* (0.043)	0.048 (0.071)
效应差异	0.151* (0.110)	0.169* (0.108)		0.037 (0.084)	
处置组样本数（个）	51	59	35	82	58
对照组样本数（个）	1958	1961	1757	949	1017
总样本数（个）	2009	2020	1792	1031	1075
结果变量：农户人均非农收入					
平均处置效应	0.059 (0.082)	0.057 (0.074)	−0.027 (0.133)	0.017 (0.066)	−0.010 (0.095)
效应差异	0.086 (0.153)	0.083 (0.153)		0.027 (0.116)	
处置组样本数（个）	48	59	35	80	59
对照组样本数（个）	1910	1912	1716	930	987
总样本数（个）	1958	1971	1751	1010	1046

注："效应差异"一行是两列［即第（1）列和第（3）列、第（2）列和第（3）列、第（4）列和第（5）列］平均处置效应的差值。利用修剪策略剔除了倾向得分分布尾部2%的处置组样本以避免极端分布的影响，并剔除了落在共同支撑域外的处置组和对照组样本。括号内为标准误，*、**分别表示在10%、5%水平上显著。

这一结果较容易理解，也比较符合我国的现实情况（详见前文制度背景介绍）。在实践中，农村专业协会的组建和运行需要投入人力、物力和场地等资源，也需妥善处理协调与上级政府和村委会的关系。长期以来，我国农户自发组建的专业协会规模较小、经费有限，往往难以独立承担上述成本，在与上级政府和村委会的沟通协调方面也普遍面临较大困难，这些无疑都会削弱此类协会的增收效应。与之不同，上级政府和村委会发起组建的专业协会则往往可以获得较好的政策支持，从而较好地应对组建和运行成本的压力，亦可较好地处理与上级政府和村委会的关系；但也意味着这些协会可能会丧失一定的独立性，不可避免地受到各种干预，进而可能出现组织行为变异和功能扭曲。结果表明，与上级政府相比，由村委会作为发起人可更好地发挥前一种因素的积极作用，避免后者的消极影响，更好地增强专业协会的增收效应。原因可能在于：与上级政府相比，村委会具有明显的信息优势，更熟悉了解农村的实际情况和农户的实际需求，与农户的利益分化也相对较小，可以较好地起到承上启下的作用，与专业协会能较好地做到功能互补。因此，今后在促进农村专业协会的发展中，应特别注重其与村委会的相互协调，更好地发挥多元基层治理机制的互补作用，提升增收效应。

此外，与上级政府的关联紧密程度（即在上级政府任职的曾为本村村民的官员数量及村委会到乡镇政府的距离）也可能构成专业协会发展的一个重要外部环境。为此，本部分也考察了其影响。具体而言，本部分将样本村庄分为两组，即低关联组和高关联组，给出每组平均处置效应的估计。[①] 由表5-7第（4）列和第（5）列可知：就低关联组而言，专业协会对农户人均纯收入和人均农业收入的平均处置效应均显著为正，高关联组专业协会的影响则都不显著（不过，t检验显示这两组处置效应的差异不显著），表明较高的关联度可能倾向于弱化专业协会的增收效应。就我国实际情况来看，所在村庄与上级政府的关联越紧密，往往意味着专业协会可能得到上级政府的政策支持越大，但同时受上级政府的干预也可能越大。[②] 故这一结果蕴示着，较大的上级政府干预可能会产生消极影响。因此，如何更好地发挥上级政府的政策支持引导作用，避免行政干预带来的潜在不利影响以营造良好的外部环境，是今后促进农村专业协会发展中需要解决的一个重要问题。

5.4.5 稳健性检验

本部分进行一系列检验，包括非观测变量影响检验和外溢效应检验等，以确保本章的基准结果是较稳健可靠的。

[①] 本部分利用在上级政府任职的曾为本村村民的官员数量和村委会到乡镇政府的距离构造了一个关联度指标，越大（官员数量越多和距离越近）表明与上级政府关联越紧密。高关联组是该指标大于中位数的，其余为低关联组。

[②] 徐林等（2017）的调查研究表明，曾为本村村民的上级政府官员出于乡土情结，往往会动用相关行政资源支持本村经济社会（包括相关社会团体）的发展，但也容易形成"自上而下"的强势行政干预。

(1) 非观测变量影响检验

正如前文指出的，倾向得分匹配双差分法能否较好地矫正选择偏差问题，取决于能否较好地控制观测变量尤其是非观测变量的影响。本部分利用样本信息较丰富的特点，选取了 29 个匹配变量（前文的平衡性检验表明，本章较好地控制了这些观测变量的影响），并利用双差分法消除了时间和个体的固定效应等非观测因素的影响。为进一步缓解对非观测变量影响的担忧，本部分对非观测变量的影响进行以下 4 组检验。

首先，鉴于村主任的重要性，本部分检验与村主任能力有关的潜在非观测变量的影响。基准分析控制了事前时点的村主任可观测特征，而双差分法又可较好地消除样本期内一直在任的村主任不可观测特征的影响，故未控制的因素可能主要在于样本期内村主任更迭带来的变化。为此，本部分剔除了样本期内发生过村主任更迭的处置组村庄，重新估计了平均处置效应。表 5-8 第（1）列显示：估计结果没有明显变化，表明基准结果是较稳健的。

其次，借鉴 Imbens（2004）的思路，本部分通过剔除可能不合适的对照组样本来检验非观测变量的影响。基本思想是：若存在一些不合适的对照组（由于某些非观测因素的影响，它们较其他对照组而言具有更高的处置发生概率），而实证分析又没有较好地控制这些非观测变量的影响，那么剔除这些对照组样本后，结果将会出现明显变化，反之，则表明较好地控制了这些非观测变量的影响。本部分的数据额外提供了在 2003 年建立专业协会的村庄信息，这些村庄在样本期内（1997—2002 年）没有建立过专业协会，故是基准分析的对照组；但与其他对照组相比，（由于某些潜在非观测因素的影响）这些村庄在样本期内成立专业协会的概率倾向于较高（既然它们能在 2003 年建立专业协会），故可能不是合适的对照组。本节将它们剔除掉，重新估计了平均处置效应。由表 5-8 第（2）列可知，结果没有明显变化，表明基准分析较好地控制了非观测变量的影响。

再次，本节利用 Ichino 等（2008）提出的方法进行了一组模拟检验：通过考察模拟生成的潜在非观测干扰因子（Confounder）对结果的影响，来检验基准结果关于非观测变量影响的稳健性。Ichino 等（2008）提出两种模拟生成干扰因子的方法：①以二元匹配变量的经验分布为近似分布模拟生成干扰因子；②模拟生成较极端（即样本匹配前对处置发生或结果变量具有较大影响）的干扰因子——Ichino 等（2008）称为"干扰杀手"（Confounder Killer）。

表 5-8 稳健性检验：非观测变量影响检验和其他检验

	非观测变量影响检验		外溢效应（安慰剂检验）	专业协会农户覆盖率		其他修剪策略	
	剔除样本期内村主任更迭的处置组样本	剔除可能不合适的对照组样本		较低	较高	1%	5%
	(1)	(2)	(3)	(4)	(5)	(6)	(7)
结果变量：农户人均纯收入							
平均处置效应	0.035 (0.057)	0.046 (0.029)	-0.004 (0.014)	0.033 (0.038)	0.054 (0.044)	0.042 (0.029)	0.046 (0.030)
处置组样本数（个）	55	144	647	69	74	145	139
对照组样本数（个）	1980	1958	1320	1980	1960	1980	1980
总样本数（个）	2035	2102	1967	2049	2034	2125	2119
结果变量：农户人均农业收入							
平均处置效应	0.094 (0.070)	0.058 (0.038)	-0.004 (0.018)	0.048 (0.052)	0.087 (0.054)	0.056 (0.037)	0.058 (0.038)
处置组样本数（个）	56	144	646	69	74	145	139
对照组样本数（个）	1978	1956	1319	1978	1958	1978	1978
总样本数（个）	2034	2100	1965	2047	2032	2123	2117
结果变量：农户人均非农收入							
平均处置效应	0.130 (0.098)	0.051 (0.053)	0.032 (0.029)	-0.029 (0.071)	-0.031 (0.081)	0.063 (0.054)	0.058 (0.055)
处置组样本数（个）	54	142	620	68	74	143	137
对照组样本数（个）	1929	1908	1297	1929	1910	1929	1929
总样本数（个）	1983	2050	1917	1997	1984	2072	2066

注：第（1）列利用修剪策略剔除了倾向得分分布尾部 2% 的处置组样本。第（6）列和第（7）列分别采用 1% 和 5% 的修剪策略；上述分析均剔除了落在共同支撑域外的处置组和对照组样本。括号内为标准误。

相比而言，第一种方法可较好地捕捉与已有匹配变量相关的潜在重要非观测因素的影响，但也可能只是捕捉了某些特定非观测因素的影响；第二种方法更为可取，但需要搜寻分布参数（通常为4个）的各种可能取值（在[0，1]内）以构造干扰因子的分布，运算负担较重。

本节同时采用了这两种方法，模拟生成了14个干扰因子。在运用第一种方法时，依据对于农村经济发展重要性这一原则，本部分选取了5类共10个较重要的匹配变量（表5-9），以它们的经验分布为近似分布模拟生成了10个干扰因子，将它们依次作为新的匹配变量，经500次模拟估计了专业协会的平均处置效应。由表5-9可知，（样本匹配前）这些干扰因子既有对结果变量和专业协会成立具有正影响的，也有负影响的[第（1）列和第（2）列、第（4）列和第（5）列、第（7）列和第（8）列的系数大于1代表正影响，小于1代表负影响]，故包含了可能导致基准结果高估或低估的非观测因素；估计的平均处置效应与基准结果相比，数值上出现了一些变化，但基本结论保持了较好的稳健性。在运用第二种方法时，本节汇报了4个较极端干扰因子的影响：一个是对专业协会成立具有较极端正影响的[样本匹配前，使协会成立概率变为原来的12.992倍，见表5-9第（2）列]；一个是对结果变量具有较极端正影响的[样本匹配前，使农户人均纯收入变为原来的9.474倍，见表5-9第（1）列]；一个是对专业协会成立具有较极端负影响的（使协会成立概率变为原来的11.7%）；一个是对结果变量具有较极端负影响的（使农户人均纯收入变为原来的25.7%）。以它们作为新的匹配变量，500次模拟估计得到的结果与基准结果相比，数值上有一些变化，但基本结论保持了较好的稳健性。上述检验（尤其是较极端因子的影响检验）有助于较好地缓解关于非观测变量影响的担忧。①

---

① 在利用第一种方法模拟生成随机干扰因子时，选取的5类共10个匹配变量包括：村主任个人特征[即村主任的性别和学历（是否为高中及以上）]、村级民主程度（即村主任候选人是否需要上级政府批准）、村庄与上级政府的关联程度（即曾为本村村民的上级政府官员数量）、基础设施条件（即村内通电农户比例、村内是否铺设柏油路、是否有省级及以上公路通过和是否有县级公路通过）和公共服务水平（即村庄的小学数量和诊所数量）。这一方法只能应用于哑变量，故将连续变量变换为哑变量（即大于样本中位数，赋值为1；否则为0）。本部分也尝试以4个关于村庄草地质量的匹配变量的经验分布为近似分布构造干扰因子，检验结果类似。在运用第二种方法时，本部分在[0，1]内搜寻4个概率分布参数的取值来模拟生成较极端的干扰因子。本部分也尝试模拟生成更极端的干扰因子（分别使协会成立概率和农户人均纯收入变为原来的90余倍），基本结论保持不变。关于这种模拟检验方法的技术细节，请参见Ichino等（2008）的研究。

表 5-9 稳健性检验：非观测变量影响的模拟检验

结果变量	农户人均纯收入			农户人均农业收入			农户人均非农收入		
	非观测干扰因子的影响		平均处置效应 (3)	非观测干扰因子的影响		平均处置效应 (6)	非观测干扰因子的影响		平均处置效应 (9)
	结果变量 (1)	协会建立 (2)		结果变量 (4)	协会建立 (5)		结果变量 (7)	协会建立 (8)	
根据以下二元匹配变量的经验分布模拟生成干扰因子:									
村主任性别（是否为男性）	1.059	0.884	0.048 (0.042)	0.914	0.856	0.054 (0.056)	1.178	0.879	0.054 (0.081)
村主任学历（是否为高中及以上）	1.068	1.278	0.046 (0.041)	1.008	1.270	0.051 (0.082)	0.941	1.272	0.055 (0.056)
村主任候选人是否需要上级政府批准	0.675	1.050	0.047 (0.041)	0.671	1.055	0.052 (0.056)	0.627	1.072	0.056 (0.080)
是否有较多的曾为本村村民的上级政府官员	0.959	1.427	0.047 (0.043)	0.972	1.441	0.049 (0.081)	0.789	1.422	0.062 (0.056)
是否有较高的通电农户比例	0.750	0.850	0.045 (0.042)	0.651	0.861	0.052 (0.082)	1.165	0.872	0.054 (0.056)
村内是否铺设柏油路	1.532	1.186	0.046 (0.040)	2.539	1.377	0.040 (0.054)	1.050	1.213	0.071 (0.079)
村内是否有省级及以上公路通过	1.409	0.782	0.048 (0.042)	1.232	0.770	0.056 (0.077)	1.309	0.767	0.057 (0.057)
村内是否有县级公路通过	1.055	1.146	0.048 (0.042)	0.886	1.122	0.052 (0.057)	1.166	1.148	0.057 (0.084)
是否有较多的小学	1.159	1.550	0.046 (0.041)	1.138	1.523	0.060 (0.079)	1.233	1.547	0.048 (0.056)

续表

结果变量	农户人均纯收入			农户人均农业收入			农户人均非农收入		
	非观测干扰因子的影响		平均处置效应 (3)	非观测干扰因子的影响		平均处置效应 (6)	非观测干扰因子的影响		平均处置效应 (9)
	结果变量 (1)	协会建立 (2)		结果变量 (4)	协会建立 (5)		结果变量 (7)	协会建立 (8)	
是否有较多的诊所	0.872	2.084	0.049 (0.041)	0.702	2.173	0.061 (0.081)	0.737	2.127	0.063 (0.056)
搜寻概率分布参数取值来模拟生成较极端干扰因子：									
较极端干扰因子 1	1.522	12.992	0.036 (0.045)	1.517	12.416	0.046 (0.058)	1.531	12.906	0.023 (0.091)
较极端干扰因子 2	9.474	1.941	0.036 (0.044)	9.472	2.032	0.034 (0.055)	9.696	2.049	0.019 (0.080)
较极端干扰因子 3	1.017	0.117	0.047 (0.045)	1.014	0.099	0.067 (0.060)	1.014	0.112	0.053 (0.090)
较极端干扰因子 4	0.257	1.019	0.046 (0.041)	0.254	0.939	0.047 (0.055)	0.251	0.979	0.056 (0.084)

注：该方法只能应用于哑变量，因此，依据是否大于样本中位数将连续变量（曾为本村村位的上级政府官员数量、小学数量和诊所数量）变换为哑变量（是否有较多的曾为本村村民的上级政府官员、是否有较高的通电农户比例、是否有较多的小学数量和诊所）。对协会建立或成立结果变量具有较大影响的干扰因子。第（1）列、第（4）列和第（7）列的数值表示：（样本匹配前）干扰因子对协会建立结果变量和协会建立变量的干扰因子。第（2）列、第（5）列和第（8）列的数值表示：（样本匹配前）干扰因子使结果变量依次作为新的匹配变量经500次模拟估计得到的专业协会的平均处置效应，括号内为标准误。第（3）列、第（6）列和第（9）列给出的是将干扰因子依次作为新的匹配变量估计得到的专业协会的平均处置效应。括号内为标准误。

最后，本部分借鉴 Pinotti（2017）的思路，利用随机抽样方法构造安慰剂检验（placebo test）：从样本村庄中随机抽取产生146个新的处置组和1980个新的对照组（146和1980为真实处置组和对照组数量），以此为基础估计平均处置效应；重复上述过程1000次，得到1000组结果（图5-3）。既然处置组和对照组是随机抽取产生的，因此，若基准分析已较好地控制了非观测变量的影响（或是非观测变量的影响较弱），则这些结果应服从均值为0的正态分布——这得到图5-3的较好支持，表明基准分析总体上较好地控制了非观测变量的影响。

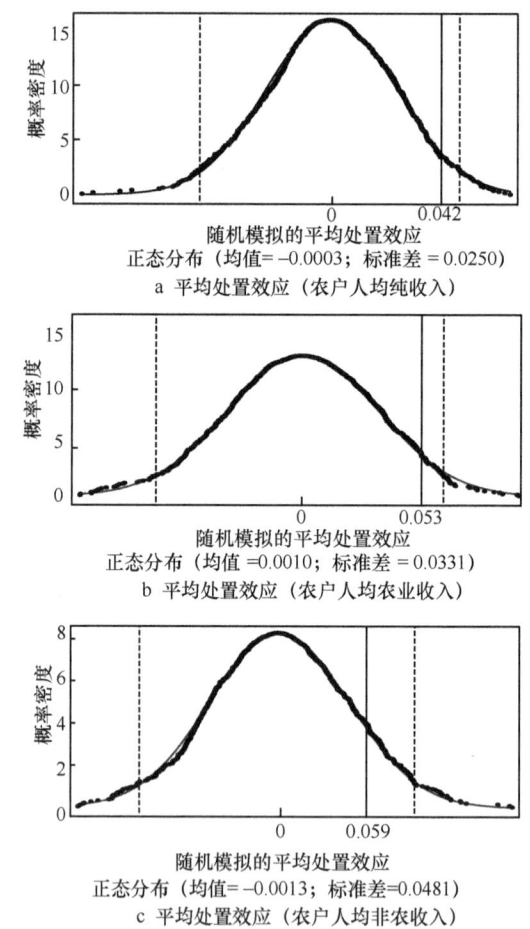

图 5-3　随机生成处置组和对照组样本的平均处置效应分布

注：图中实竖线代表本章的基准结果（见表5-5），两条虚线代表随机模拟结果的95%置信区间。①

---

① 基准结果位于随机模拟结果的95%置信区间内，故接受原假设（即结果不显著），这进一步支持了本章的基本结论（即专业协会的增收效应不显著）。

结合上述检验结果，我们无法完全排除但可审慎地认为：总体上较好地控制了非观测变量的影响，从而较好地矫正了选择偏差问题（即内生性问题）。①

（2）其他检验

村庄间可能存在的外溢效应也是一个值得关注的问题（Dinkelman，2011）。就本章研究而言，如果处置组村庄建立的专业协会的影响外溢到了对照组村庄，使得对照组村庄农户的收入水平发生了变化，那么基准结果将会有偏。为此，本部分构造了一个安慰剂检验——将那些与处置组村庄处在同一乡镇的对照组村庄作为新的处置组，将其他对照组村庄视作新的对照组。样本期内，新的处置组和对照组村庄均未建立过农村专业协会，二者的区别在于，前者更可能受到潜在外溢效应的影响（它们与真实的处置组村庄同处于一个乡镇）——若果真如此，则会出现一个显著的处置效应。由表5-8第（3）列可知，新的（尤其人均纯收入和农业收入的）处置效应数值较小且不显著，表明没有明显证据支持专业协会产生了显著的外溢效应,②故基准结果具有较好的可靠性。

此外，本部分也尝试考察专业协会农户覆盖率（即参加协会的农户占村庄总农户的比重）的影响。具体而言，本部分将处置组村庄分为两组：高覆盖组（农户覆盖率高于样本50%分位数的）和低覆盖组（农户覆盖率低于样本50%分位数的）③，分别估算了这两组的平均处置效应。由表5-8第（4）列和第（5）列可知，这两组的平均处置效应均不显著，表明基准结果具有较好的稳健性。

最后，为避免极端分布的影响，本部分在基准分析中利用修剪策略剔除了倾向得分分布尾部2%的处置组样本。为检验基准结果对于不同修剪策略的

---

① 本章使用的是两年面板数据，这限制了本研究对平行趋势假定的直接检验。平行趋势假定要求处置组和对照组结果变量的事前变化趋势一样，否则两组样本结果变量的差异可能是由非观测的事前变化趋势差异导致的（而非完全由处置发生造成的）。因此，这一假定检验本质上也属于一种非观测变量检验。由本部分的非观测变量影响检验（4大组共24 006个检验）来看，这一问题可能并非突出。

② 由于缺少相关地理信息，无法确定样本村庄间是否接壤或计算村庄间的距离。在此情况下，本研究考虑了最可能存在外溢效应的情况，即同属于一个乡镇的处置组和对照组村庄。鉴于我国农村的户籍管理较严格，村庄间的农户迁移较为困难，因此，农村专业协会没有产生显著的外溢效应比较符合直观预期。

③ 高覆盖组和低覆盖组的农户覆盖率的均值分别为30.0%和2.6%。

稳健性，本部分也分别尝试采取 1% 和 5% 的修剪策略（即分别剔除倾向得分分布尾部 1% 和 5% 的处置组样本）。表 5-8 第（6）列和第（7）列显示，结果没有明显变化，即基准结果是较稳健的。

5.5 小结

现代化基层治理体系是世界各国共同关注和持续追求的目标。历经 40 年的积极探索，我国逐步形成了以基层党组织为核心、村委会为主体、社会组织为有机组成的农村多元化基层治理结构。本章以农村专业协会这一基层社会组织为研究对象，首先构建一个简单理论模型，剖析专业协会及其制度安排对农户收入的影响，提出理论命题；其次利用 1997 年和 2002 年 2126 个村庄的调查数据和倾向得分匹配双差分法进行实证检验。

理论分析表明，农村专业协会对农户收入的影响不明确，与其具体的制度安排有关。这得到了实证分析的良好证实：总体而言，农村专业协会没有在促进农村经济发展和农户增收方面发挥显著的积极作用；引入会费制度对专业协会的增收效应没有产生较明显的影响，引入盈余返还分红机制则可产生较强的激励作用，提升专业协会的增收效应，加强组织内部民主建设亦总体有助于较好地发挥专业协会的增收效应，立足单个村庄需求建立的专业协会较跨村协会而言更有利于促进农户增收。进一步的分析还表明，外部制度环境对专业协会的增收效应也具有重要影响：由村委会作为协会发起人有利于发挥多元基层治理机制的互补作用，提升专业协会的增收效应，所在村庄与上级政府的关联较紧密则倾向于削弱专业协会的增收效应。

上述主要结论总体上具有较好的一般性和规律性，对于新时代如何促进农村专业协会更好地发展以完善我国农村基层治理、更好实现乡村振兴具有良好的启示意义。党的十九大明确提出乡村振兴战略，为更好地完成这一战略任务，政府应更加积极地培育、促进农村专业协会等基层社会组织的发展，全面提升农村的组织化程度。就本章研究来看，需要着重加强以下两个方面的建设。第一，应进一步优化健全农村专业协会的制度安排和内部治理结构。特别地，应进一步完善农村专业协会章程，积极引导农户设计构建更加科学、更加合理的专业协会制度架构；尤其应完善激励机制，适当引入盈余返还分红机制以有效激发农户的主体积极性，切实加强组织内部民主建设（包括民主决策和民主监督机制建设等）以有效避免"精英捕获"等"异化"现象，保护农户的合法权益和利益诉求，同时也应更加注重不同村庄农户的异质性需求。第二，应营造有利于农村专业协会发展的良好外部环境，特别应明确规范上级政府及村委会和专业协会等多元基层治理主体的关系，有效调动各主体的积极性，通过规范的制度安排更好地发挥多元主体间的互补作用。一方面，应进一步增强上级政府和村委会对农村专业协会的政策支持和引导作用；另一方面，需进一步明晰各主体的治理边界，切实避免村委会尤其上级政府对专业协会的不当干预，更好地发挥农村专业协会在促进农村经济发展和农户增收中的积极作用。上述研究发现和政策建议对于我国其他基层社会组织的发展亦具有良好的普适性。

第6章
"上下融合"治理模式：农村发展扶贫项目

长期以来，学术界和各国政府一直在积极探索如何优化完善扶贫政策设计以有效解决贫困问题。过去的半个多世纪里，伴随着治理模式由以政府为主导的区域开发（即"自上而下"治理模式）向以自我规划为主的基层社区脱贫（即"自下而上"治理模式）的转变，世界各国扶贫政策的重点亦经历了由基础设施建设向人力资本积累进而向发展机会创造的转变（World Bank, 2001; Park et al., 2002; Labonne et al., 2011）。改革开放以来，中国政府也始终致力于解决贫困问题，为此进行了大量艰苦努力，并于20世纪80年代中期开始逐步将扶贫政策从早期单纯的"输血式"转向"造血式"为主，先后实施了县域扶贫开发项目（即"国家级贫困县"项目）、农村发展扶贫项目和"国家级贫困村"项目，采取了包括资本补贴和小额信贷在内的多种扶贫方式，积极探索了"自上而下"与"自下而上"两种治理模式的有机融合。在这些举措连同其他重要因素（如经济增长尤其是工业化）的共同作用下，我国贫困人口从1985年的1.25亿大幅减少至2008年的1004万（按绝对贫困标准计算），贫困发生率也由14.8%下降为1.0%（Yao et al., 2004；章元等，2011）。[①] 然而，我国贫困问题尚未得到完全根治——贫困人口尤其是农村贫困人口规模仍较为庞大，新增贫困和返贫现象仍较为突出，贫困人口零散化特征日趋明显（范小建，2009；罗楚亮，2010）。为此，在新的历史时期，我国政府明确提出精准扶贫战略和剩余7000多万贫困人口到2020年全

---

① 数据来源于2000年和2011年《中国农村贫困监测报告》。1985年和2008年的绝对贫困人口标准分别为年人均纯收入低于206元和725元。

第6章 "上下融合"治理模式：农村发展扶贫项目

部脱贫的工作目标。① 那么，如何进一步优化完善扶贫政策设计以有效提高扶贫精准度、充分调动贫困人口的脱贫主动性、增强贫困人口自主发展能力？这直接关系到我国能否顺利实现既定扶贫目标，打赢这场脱贫攻坚战。

就理论上来看，不同的扶贫方式和扶贫机制存在各自的优势与不足。在扶贫方式上，社会救济属于"输血式"扶贫，主要用以解决残障等特定人群的贫困问题。而资本补贴和小额信贷均旨在提高贫困人口生产经营资金的可获取性，增强其自主发展能力，属于"造血式"扶贫。② 但二者也存在明显不同：资本补贴属于政府的无偿财政资金支持，用以增加贫困人口的生产经营投入，但 Ricker-Gilbert 等（2011）指出，资本补贴也可能会对贫困人口自身投入产生排挤效应；小额信贷则属于财政（贴息）和金融扶贫方式的结合，有利于弥补财政扶贫资金不足、调动贫困人口的生产积极性和主动性，但也可能会将最贫困人口排除在外，故实践中常采取联户担保等方式——张卫国和冉晖（2010）指出，联户担保等团体贷款方式可帮助贫困者以团体形式分担信贷风险，故可较好地避免金融机构不愿贷款给单个贫困者和单个贫困者不愿借贷等问题，也可促进贫困者之间的相互监督，从而提高资金使用效率。

就治理模式而言，正如第 3 章至第 5 章的分析所指出的，在单独地利用"自上而下"或者"自下而上"某一种治理模式时，其对农村经济发展和农户增长的效果是较为有限的。这是因为在"自上而下"治理模式中，政府失灵和其他政治干扰因素也会不可避免地带来低效率、资源错配和扶贫精准度下降等突出问题（World Bank，2001；Meng，2013；阎坤 等，2008）；而在"自下而上"治理模式中，也可能存在协调成本过高和利益更多被精英阶层捕获等问题（Conning et al.，2002；Bardhan et al.，2005；Park et al.，2010）。那么，如果将"自上而下"与"自下而上"两种治理模式有机地融合在一起是

---

① 2013 年 10 月，习近平总书记在湖南湘西考察时首次提出"精准扶贫"这一概念；2015 年 6 月，他在贵州考察时进一步强调：推进精准扶贫贵在做到 6 个精准，即"对象要精准、项目安排要精准、资金使用要精准、措施到位要精准、因村派人要精准、脱贫成效要精准"。我国贫困人口的衡量标准在 2000 年发生了明显变化：此前采用的是绝对贫困标准（贫困线较低），此后逐步改用低收入标准（贫困线较高）来定义贫困人口。因此，按绝对贫困标准定义的贫困人口明显少于按低收入标准定义的贫困人口。这里的"7000 多万贫困人口"是按低收入标准（即年人均纯收入低于 2300 元）定义的贫困人口数量。
② 所谓的"造血式"扶贫方式是指：扶贫主体通过投入一定的要素和资源帮助贫困地区和农户改善生产经营条件、提高教育文化科技水平以增强自主发展能力的扶贫方式，主要包括资本补贴、小额信贷和文化教育科技等扶贫方式（赵文昌 等，2000），本章的研究重点在于前两种方式。

否有利于弥补各自的潜在缺陷、提升扶贫效果呢？什么样的制度设计又有利于更好地发挥"上下融合"治理模式的扶贫效果呢？诸如此类问题正是本章所要探讨的。具体而言，本章以农村发展扶贫项目为研究对象，利用倾向得分匹配双差分法（Propensity Score Matching with Difference-in-difference），在一个相对统一的分析框架下深入剖析上述问题，为我国治理模式的探索和扶贫政策的优化完善提供良好的理论借鉴。

本章的结构安排如下：第6.1节简单介绍改革开放以来我国农村发展的背景；第6.2节构建一个简单理论模型，从扶贫视角出发，就不同的基层治理方式及相关机制对农户收入的影响进行理论分析；第6.3节给出本章的计量策略并介绍数据和变量；第6.4节给出实证及稳健性检验结果；第6.5节为本章的小结部分。

6.1 政策背景

正如前文所述，改革开放以来，我国的县域扶贫开发取得了巨大成就，农村贫困人口从1986年的1.25亿大幅减少至2000年的3200万（Meng，2013）。然而，由于贫困县的选择严重受到很多非经济因素的干扰，导致一些"老少边穷"地区的富裕县也跻身于国家级贫困县的行列，占用其他地区的贫困县名额。同时，随着扶贫工作成效的日益显现，剩余贫困人口的分布更加零散，以县为扶贫单位已不能很好地覆盖农村贫困人口（汪三贵，2008；World Bank，2001；Park et al.，2002）。针对这些问题，1998年起，我国扶贫瞄准的单位开始逐步转向贫困村，扶贫模式也由区域开发转向社区驱动（Community-driven）。就我国实际情况来看，扶贫瞄准到村和户的差别并不大。这是因为：村作为我国最基础的社区聚落，居民具有相同的文化背景，分享相同的基础设施，因而收入差距不大——如果村内大部分居民属于贫困人口，其他村民的收入水平也往往与贫困线相去不远，同样属于现阶段我国扶贫的重点对象（高鸿宾 等，2001）。因此，村级扶贫开发有助于更加准确识别贫困人口，是我国精准扶贫的一次早期探索。

我国农村基层治理沿承了县域治理的理念，即以农户自身发展为导向，但在治理模式上采取了"自上而下"和"自下而上"两种模式的结合。在农村发展扶贫项目中，"上下融合"的治理模式主要由两个阶段组成（图6-1）。

第一个阶段主要是国家级贫困村的确定。具体而言，中央政府基于较翔实的村级调查数据，识别出14.8万个国家级贫困村（覆盖了我国80%左右的农村贫困人口），并以这些贫困村作为扶贫开发的主要对象，赋予其根据自身情况制定扶贫规划的权力（"自上而下"机制）。如图6-1所示，贫困村的识别大致遵循以下4个步骤：①由各村庄设计调查问卷，为计算贫困综合指数收集所需的相关数据①，考虑到各村庄在很多方面存在较大差异，允许各村自行商定相关指标在计算贫困综合指数时所占的权重；②在村委会干部和村民小组组长的指导下，全体村民完成问卷填写；③根据各村收集的数据和确定的权重计算出贫困综合指数；④由县级政府汇总所辖村庄的贫困综合指数并在全县公示，无异议后向中央政府上报，据此确定最终的贫困村名单。

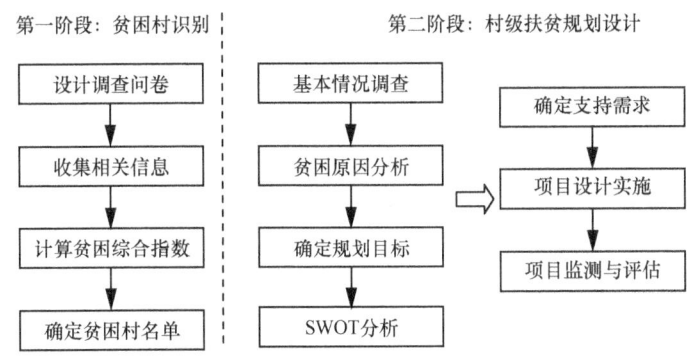

图6-1 农村发展扶贫项目制定过程

第二个阶段则主要是村级发展扶贫项目的确定。在制定具体的村级发展项目规划时，国家级贫困村享有充分的自主权，通过居民的广泛参与和民主程序决定本村是否及何时参与发展扶贫项目（"自下而上"机制）。如图6-1所示，一项合格的村级发展扶贫项目规划的制定应该包括以下基本程序：①村委会干部通过关键人物访谈和实地调查的方式获得项目规划所需的基本资料；②召开村民座谈会，邀请男女贫困代表各10～20位，对贫困原因进行分析；③根据贫困原因确定相应的发展扶贫目标；④对所确定的目标进行SWOT分析，明确该项目的优势（Strengths）、劣势（Weaknesses）、机会（Opportunities）和风险（Threats）；⑤召开村民大会，确定项目

---

① 我国政府通过将各村庄的贫困综合指数进行排序识别出最贫困的村庄，给予其"国家级贫困村"的身份。贫困综合指数的构建包含以下8个指标：人均年粮食产量、人均年现金收入、土坯房农户所占的比重、人畜饮水条件、通电率、通路率、妇女长期患病率和中小学女生辍学率（高鸿宾等，2001）。

实施所需上级政府提供的资金数量，以及技术和政策支持力度；⑥对项目所需的人力、物力、财力和实施时间进行统筹安排；⑦制定完善的项目监测和评估体系。各村提出的计划由县级政府汇总初审，最后通过比较各村的脱贫计划，中央政府和相关国际组织选择其中的优质项目提供资金支持。

农村发展扶贫项目的主要目的在于增强贫困农户自我发展能力，充分调动农户参与和自我发展的积极性。因此，主要采取了小额信贷和资本补贴的扶贫方式。二者的相同之处在于都是旨在促进农户资本积累，进而提高农户的自身发展能力，其用途严格限定在生产领域，属于"造血式"扶贫；不同之处在于小额信贷属于典型的金融扶贫方式，需要到期偿付利息及本金，资本补贴则属于政府无偿的扶贫资金拨付。同时，为了更好地调动农户积极性，一些项目还要求农户进行一定的资金或劳动配套。农村发展扶贫项目是我国农村基层治理和扶贫开发的一次重要尝试，其"自上而下"和"自下而上"相结合的治理模式为厘清政府和民众在基层治理中的角色具有启发意义。

6.2 理论分析

本节结合我国农村发展扶贫实践构建一个简单理论模型，就不同扶贫方式（包括资本补贴和小额信贷）和资金配套机制对农户收入的影响及其机制进行理论分析。

6.2.1 模型框架

本节考虑一个农村经济，包含一个政府和 N 个同质贫困农户。政府的主要作用是为农户的农业生产经营活动提供资本补贴（k_{st}）和小额信贷（k_{mi}），并给予农户一定数额的社会救济（τ_t）；理论分析的主要目的在于探讨这些政策变量是如何影响农户的最优行为决策，进而影响农户收入的。[①] 每个代表性农户均拥有 1 单位时间，从中选择 l_t 单位作为自身农业生产经营活动的劳动投入，

---

① 理论上讲，农户也会出于收入最大化的目的选择，最优的小额信贷资金需求。但就我国实践来看，小额信贷扶贫资金采取财政贴息形式且数额有限，无法满足农户的最优资金需求。即小额信贷资金的数额和利率均是外生给定的政策变量。这里没有考虑财政贴息的影响，否则将强化本章理论分析的结论。

故闲暇为 $1-l_t$。农户偏好由效用函数表示：

$$E_0 \int_0^\infty e^{-\rho t} u(c_t, l_t) dt, \quad u(c_t, l_t) = \frac{[c_t(1-l_t)^\theta]^{1-\sigma}}{1-\sigma}, \quad \sigma, \theta, \rho > 0, \quad (6-1)$$

其中，ρ 为贴现率；σ 为相对风险厌恶因子；E_0 为零期期望算子；θ 为闲暇效用参数；c_t 为 t 期的农户消费。

农户农业生产经营活动采用柯布道格拉斯生产函数：

$$y_t = z k_t^\alpha l_t^{1-\alpha}, \quad 0 < \alpha < 1, \quad (6-2)$$

其中，z 代表生产技术，k_t 为农户的资本投入。农户的纯收入为：

$$\pi_t = z k_t^\alpha l_t^{1-\alpha} - (r_t + \delta_t)(k_t - k_{st}), \quad (6-3)$$

其中，r_t 为资本租金率，δ_t 为资本折旧率，$r_t + \delta_t$ 为资本的机会成本。政府提供的资本补贴 k_{st} 和小额信贷 k_{mt} 构成农户资本投入 k_t 的一部分，但与小额信贷不同，资本补贴来自政府的无偿财政资金支持，故农户无须负担这部分资金的机会成本（Buera et al., 2013）。

农户资产积累方程为：

$$\dot{a}_t = \pi_t + r_t[a_t - \beta(k_{mt} + k_{st})] - c_t + \tau_t, \quad (6-4)$$

其中，a_t 为农户资产。现实经济中，为调动农户参与和成本控制的积极性，政府在给予农户生产经营资金支持时，往往要求农户提供一定比例的配套资金。① 为捕捉这一机制的影响，本研究在式（6-4）中引入配套比例参数 $\beta \geq 0$。$r_t[a_t - \beta(k_{mt} + k_{st})]$ 为农户的资产利息收入。我国金融体系尤其是农村金融体系还很不完善，农户普遍面临着突出的借贷约束。遵循已有文献的普遍做法，本章采用如下借贷约束方程：②

$$k_t \leq a_t + k_{mt} + k_{st}, \quad (6-5)$$

即农户资本投入无法超过自身资产、政府提供的资本补贴及小额信贷资金的总和。

6.2.2 农户优化问题

农户在扶贫政策变量（k_{st}、k_{mt} 和 β）给定和式（6-5）的约束下，选择

---

① 如前所述，实践中还有劳动配套。由于劳动可转化为收入，故理论分析只考虑资金配套的影响。
② 式（6-5）设定简洁且可很好地捕捉现实经济中的借贷约束问题，故得到广泛应用（贾俊雪，2017）。更一般的设定为：$k_t \leq \lambda a_t + k_{mt} + k_{st}$，$\lambda$ 为农户的杠杆率。由于本章研究重点并非借贷约束的影响，故为简化起见，假定 $\lambda = 1$。

资本投入,以实现其纯收入式(6-3)的最大化。求解该优化问题,可得最优资本投入方程:

$$k_t = \min\{[z\alpha/(r_t+\delta_t)]^{1/(1-\alpha)}l_t, a_t + k_{mt} + k_{st}\}。 \quad (6-6)$$

式(6-6)表明,农户生产技术 z 越高、资本产出弹性 α 越大、资本机会成本 $r_t + \delta_t$ 越小,则农户资本投入越大,但因借贷约束而无法大于自身资产、资本补贴和小额信贷的总和。

进而,在式(6-3)和式(6-4)的约束下,农户选择消费、劳动投入和资产积累,以实现预期效用式(6-1)最大化。求解此优化问题,可得一阶最优条件:

$$c_t^{-\sigma}(1-l_t)^{\theta-\theta\sigma} = \lambda_t, \quad (6-7)$$

$$\theta c_t^{1-\sigma}(1-l_t)^{\theta-\theta\sigma-1} = \lambda_t(1-\alpha)z k_t^\alpha l_t^{-\alpha}。 \quad (6-8)$$

欧拉方程:

$$\dot{\lambda}_t/\lambda_t = \rho - r_t, \quad (6-9)$$

其中,λ_t 为 Hamilton 乘子,即农户资产的影子价格。式(6-7)表明,最优时,消费的边际效用 $c_t^{-\sigma}(1-l_t)^{\theta-\theta\sigma}$ 等于资产影子价格 λ_t。式(6-8)表明,闲暇的边际效用 $\theta c_t^{1-\sigma}(1-l_t)^{\theta-\theta\sigma-1}$,等于劳动的边际产出 $(1-\alpha)z k_t^\alpha l_t^{-\alpha}$ 与资产影子价格 λ_t 的乘积。式(6-9)意味着,资产影子价格 λ_t 的变化率等于实际贴现率($\rho - r_t$)。

6.2.3 市场均衡

改革开放以来,我国农村经济得到显著发展,但农户仍受到自身资产积累缓慢和农村金融市场不健全等因素制约,目前的融资机制远不能满足其农业生产经营需要,这对于贫困村农户尤为突出。因此,在现实经济中,农户借贷约束的上限 $a_t + k_{mt} + k_{st}$,普遍小于其最优资本投入 $[z\alpha/(r_t+\delta_t)]^{1/(1-\alpha)} l_t$。由式(6-6)可知:

$$k_t = a_t + k_{mt} + k_{st}。 \quad (6-10)$$

经济达到稳态均衡时,有 $\dot{\lambda}_t = \dot{a}_t = 0$,由式(6-7)至式(6-10)可给出稳态产出 y^* 为:

$$y^* = \frac{z(1-\alpha)[z\alpha/(\rho+\delta)]^{1/(1-\alpha)} - \theta\tau + \theta(\rho k_m - \delta k_s) + \theta\rho\beta(k_m + k_s)}{1 + \theta - \alpha - \theta\delta\alpha(\rho+\delta)^{-1}}。$$

$$(6-11)$$

由式（6-3）和式（6-11）进而可给出稳态时农户纯收入为：
$$\pi^* = (1-\alpha)y^* + (\rho+\delta)k_s \text{。} \tag{6-12}$$

6.2.4 理论命题

以式（6-12）为基础，本部分通过比较静态分析，剖析不同扶贫方式和资金配套机制对于农户纯收入的影响，具体结论可总结为以下理论命题。

命题 6.1：小额信贷可以增加农户纯收入，资本补贴对农户纯收入的影响不明确；引入资金配套机制不仅可以直接增加农户纯收入，也有利于增强小额信贷和资本补贴的扶贫效果。[①]

命题证明：由式（6-12）可得：
$$\partial \pi^*/\partial k_m = (\theta\rho\beta + \theta\rho)/[1+\theta-\alpha-\theta\delta\alpha(\rho+\delta)^{-1}] \text{。} \tag{6-13}$$

由于 $1+\theta-\alpha-\theta\delta\alpha(\rho+\delta)^{-1} > (1+\theta)(1-\alpha) > 0$，故有 $\partial \pi^*/\partial k_m > 0$，即小额信贷可促进农户纯收入增加。原因在于：小额信贷可有效地缓解农户面临的借贷约束，从而增加农户资本投入，且由于其需要偿还本金和利息，因而也会促使农户减少闲暇、增加劳动投入 [$\theta\rho(1+\beta)$ 捕捉了该影响]，有利于农户收入增加。进一步，由 $\partial^2 \pi^*/\partial k_m \partial \beta = \theta\rho/[1+\theta-\alpha-\theta\delta\alpha(\rho+\delta)^{-1}] > 0$ 可知，引入资金配套机制可强化小额信贷的扶贫效果——这较为直观：需要农户提供一定比例配套资金的政策设计，会促使农户减少闲暇、增加劳动投入（$\theta\rho$ 捕捉了该影响），从而提升小额信贷的增收效果。

由式（6-12）可以给出资本补贴对农户纯收入的影响为：
$$\partial \pi^*/\partial k_s = [(1-\alpha)(\rho+\delta) + \theta(\rho+\rho\beta-\delta\alpha)]/[1+\theta-\alpha-\theta\delta\alpha(\rho+\delta)^{-1}] \text{。} \tag{6-14}$$

式（6-14）分母为正值，但分子的符号不确定，因此，资本补贴对农户纯收入的影响不明确。原因主要在于：不同于小额信贷，资本补贴为无偿使用，故可能会挤出农户自身的资本和劳动投入（分子中的 $-\theta\delta\alpha$ 捕捉了该影响）。由 $\partial^2 \pi^*/\partial k_s \partial \beta = \theta\rho/[1+\theta-\alpha-\theta\delta\alpha(\rho+\delta)^{-1}] > 0$ 可知，资金配套机

[①] 由式（6.12）可知：$\partial \pi^*/\partial \tau = -\theta/[1+\theta-\alpha-\theta\delta\alpha(\rho+\delta)^{-1}] < 0$，即社会救济对农户纯收入具有抑制作用，原因在于无偿的社会救济会抑制农户劳动努力。这表明，"输血式"的扶贫政策会因农户的逆向反应而适得其反。农村发展扶贫项目没有采用该扶贫方式，本研究也缺少农户社会救济数据，因此本章无法就社会救济对农户收入的影响进行实证检验。

制同样会强化资本补贴对农户收入的影响。但只有当配套比例 β 大于某一阈值 $(\theta\rho)^{-1}[(\rho+\delta)(\alpha-1)+\theta\delta\alpha-\theta\rho]$，即配套机制的激励效应足够大时，资本补贴才会对农户纯收入产生更明显的正向影响。[①]

上述分析表明，引入资金配套机制，可提升小额信贷和资本补贴的扶贫效果，从而对农户纯收入产生间接正影响。此外，这一机制还会对农户纯收入产生直接的正影响：$\partial\pi^*/\partial\beta=[\theta\rho(k_m+k_s)]/[1+\theta-\alpha-\theta\delta\alpha(\rho+\delta)^{-1}]>0$。正影响的强弱主要取决于小额信贷和资本补贴的资金数额；不论采取哪种扶贫方式，引入资金配套机制都有利于农户增收；且随着扶贫资金数额的增加，农户提供的配套资金相应增加，对农户的激励作用进而对农户增收的促进作用亦会增强。

下面，以我国农村发展扶贫项目这一拟自然实验为基础，对理论命题 6.1 进行实证检验。

6.3 计量策略、数据与变量

6.3.1 计量策略

以 $DP_i \in \{0,1\}$ 表示贫困村 i 是否实施了发展扶贫项目：实施了发展扶贫项目，则 $DP_i=1$；反之，$DP_i=0$。Y 代表结果变量，即村级农户人均纯收入。样本期内，对于村庄 i 而言存在两个潜在结果：实施扶贫项目（$DP_i=1$）的人均纯收入 Y_{i1} 和未实施扶贫项目（$DP_i=0$）的人均纯收入 Y_{i0}，处置效应即为二者的差值（$Y_{i0}-Y_{i1}$）。但对于任意一个村庄，都只能观察到其真实发生的某一结果，另一结果则需要通过反事实推断得到。因此，本部分关注于平均处置效应（ATT），即：

$$\tau_{ATT} \equiv E\{Y_{i1}-Y_{i0}\mid DP_i=1\}=E\{Y_{i1}\mid DP_i=1\}-E\{Y_{i0}\mid DP_i=1\}, \quad (6-15)$$

其中，$E\{Y_{i0}\mid DP_i=1\}$ 表示项目参与村若没有实施项目的结果变量，则需要估计的反事实结果。最直接的做法是采用非参与村结果变量的均值替代，但

[①] 作为一种引入市场机制的扶贫政策设计，资金配套机制可能会挤出无法提供相应生产资料的部分绝对贫困人口。对于这部分绝对贫困人口及其贫困根源，需要我们在实际工作中加以精准识别，进而在优先考虑引入市场机制扶贫政策的前提下，因时因人采取非市场机制进行精准帮扶脱贫。

这种做法可能有偏。原因在于：农村发展扶贫项目融合了"自上而下"和"自下而上"两种扶贫机制，故可能存在较突出的样本选择问题。

为有效地矫正这一问题，本部分采用倾向得分匹配法。首先通过 *probit* 模型估算出倾向得分 $P(X)$，即其他特征 X（详见后面关于匹配变量的介绍）给定时，村庄 i 实施发展扶贫项目的概率。基于这一概率，将项目参与村（处置组）与非参与村（对照组）样本进行匹配，以匹配成功后即综合特征最相近的对照组结果，作为处置组的反事实结果。倾向得分匹配法估算的发展扶贫项目的因果效应（平均处置效应），可表示为：

$$\tau_{ATT}^{PSM} = \frac{1}{n_1} \sum_{i \in I_1 \cap S_p} \left\{ Y_{1i} - \sum_{j \in I_0 \cap S_p} W(i,j) Y_{0i} \right\}, \quad (6-16)$$

其中，I_1 和 I_0 分别代表处置组和对照组村庄，S_p 为共同支持域（Region of Common Support），n_1 为落入 $I_1 \cap S_p$ 区域内的样本数量，$W(i,j)$ 代表对村庄 i 进行反事实推断时，赋予对照组村庄 j 的权重。

倾向得分匹配法可较好地矫正选择偏差，但也存在明显不足：倾向得分的估算依赖于可观测变量，而无法控制不可观测因素的影响，估计结果仍可能有偏。为解决这一问题，在倾向得分匹配法的基础上，进一步利用双差分法，以有效地控制不可观测因素的影响（Heckman et al.，1998）。相应地，平均处置效应可表示为：

$$\tau_{ATT}^{PSM-DID} = \frac{1}{n_1} \sum_{i \in I_1 \cap S_p} \left\{ (Y_{1i}^{t_1} - Y_{1i}^{t_0}) - \sum_{j \in I_0 \cap S_p} W(i,j)(Y_{0i}^{t_1} - Y_{0i}^{t_0}) \right\}。 \quad (6-17)$$

其中，t_0 和 t_1 代表项目实施前时点和实施后时点（事前时点和事后时点）。

6.3.2 数据

本章数据来源于 2003 年中国科学院"农村贫困与发展项目"社会经济调查。调查样本涉及 6 个省份 36 个县的 216 个乡镇中的 2459 个村级行政单位，包括中西部内陆省份甘肃、吉林、陕西和四川，以及较富裕的东部省份河北和江苏，基本覆盖了我国各类型的贫困地区。作为世界银行农村调查的子项目，此次调查的主要目的是了解我国农村贫困的特点和农村扶贫的成效。调查数据包含 1997 年和 2002 年样本村庄的基本信息（如人口、农户人均纯收入和地理环境等），以及 1998—2002 年样本村庄实施发展扶贫项目的详细信息。因此，本章使用的是 1997 年和 2002 年两年的村级面板数据。本章将

1997年视作事前时点，2002年视作事后时点。

表6-1从以下4个方面给出发展扶贫项目的基本信息描述。①根据项目类型划分，绝大多数的项目为农业相关项目（40.03%）和小额信贷项目（56.96%）。其中，农业相关项目旨在增加农户资本投入以改善农业生产经营条件（包括作物改良和农业大棚等），资金为政府无偿拨付，属于典型的资本补贴的扶贫方式。小额信贷项目主要采取联户担保形式，允许农户更自由地支配和使用这部分资金以增加农业生产经营投入。②农村发展扶贫项目的目的可以划分为5种，即增加农户收入、创造就业机会、提高生活质量、环境保护和增加村级财政收入。其中，旨在增加农户收入和创造就业机会的项目（约占项目总数的95%）与农户收入增加的联系最直接。③1998年之前，只有极少数村庄（29个，样本村庄的2.64%）实施过发展扶贫项目。此后，大量村庄陆续实施了该项目。④约有3/4的项目融资完全依赖政府或国际组织提供的资金，其余项目则引入了配套机制——需要农户提供一定比例的配套资金和（或）提供一定时间的配套劳动（同时采用这两种配套形式的项目占该类项目的比重超过了85%）。

表6-1 农村发展扶贫项目的基本信息

	项目数量（个）	占项目总数的比重（%）	实施村庄数量（个）	占村庄总数的比重（%）
项目类型				
资本补贴（农业相关项目）[a]	572	40.03	411	37.47
小额信贷	814	56.96	800	72.93
家庭工商业	29	2.03	24	2.19
计算机培训	14	0.98	14	1.28
总计	1429	100.00	1097	113.87[b]
项目实施目的				
增加农户收入	1298	93.79	1005	92.54
创造就业机会	12	0.87	11	1.01
提高生活质量	33	2.38	32	2.95
环境保护	23	1.66	22	2.03

续表

	项目数量（个）	占项目总数的比重（%）	实施村庄数量（个）	占村庄总数的比重（%）
增加村级财政收入	18	1.30	16	1.47
总计	1384	100.00	1086	100.00
项目实施年份				
1998年之前	31	2.51	29	2.64
1998年和1999年	543	43.97	473	43.12
2000年和2001年	388	31.42	348	31.72
2002年	273	22.10	250	22.79
总计	1235	100.00	1097	100.27[b]
配套机制				
资金配套	143	11.80	124	15.12
劳动配套	168	13.86	127	15.49
无配套	901	74.34	693	84.51
总计	1212	100.00	820	115.12[b]

注：a——农业相关项目包括粮食作物项目、经济作物项目、大棚项目、牲畜饲养项目和鱼塘项目等。b——村庄占比总计大于100%，表示部分村庄实施了多个项目。

需要指出的是，样本村庄实施的农村发展扶贫项目既有针对全村大部分农户的，也有针对部分农户的。本部分对样本数据进行了测算，结果表明实施的项目总体上覆盖的农户范围较广：全部项目村（即实施了发展扶贫项目的村庄）项目覆盖的农户数占村农户总数的比重平均为55%；其中78.67%的项目村实施了一个项目（如小额信贷项目和农业相关项目），覆盖的农户比重平均为41%；21.33%的项目村实施了多个项目，覆盖的农户比重平均为102%（一些农户被多个项目覆盖）。①

---

① 后面的稳健性分析也尝试将实施项目的村庄划分为"单个项目村庄"和"多个项目村庄"两组，分别估算了平均处置效应，结果显示实施多个项目的村庄（即农户覆盖率更高的村庄）具有更大的处置效应。这表明，本章以全村农户人均纯收入作为被解释变量，存在低估农村发展扶贫项目增收效应的可能性。

本章剔除了1998年以前实施过项目的村庄，以确保匹配前所有样本村庄均未受项目实施的影响。其次，本章主要关注发展扶贫项目对贫困村农户收入的影响，因此，只保留了那些只实施了旨在提高农户收入和增加就业项目的村庄。换言之，只要村庄实施了其他项目（即旨在提高生活质量、环境保护和增加村级财政收入的项目），就将其剔除掉（有70个这样的村庄，占村庄总数的6.45%，见表6.1）。① 此外，本章剔除了1%的样本（变量值小于0.5%分位数和大于99.5%分位数）以避免异常值的影响。经过上述处理，本章最终使用的样本包含2190个村庄，其中830个村庄（占总样本38%）为处置组（即实施了发展扶贫项目）；1360个村庄（占总样本62%）为对照组（即样本期内未实施该项目）。

6.3.3 变量

本章的结果变量为村级农户人均纯收入（取自然对数）。② 为剔除通胀的影响，本章利用农村消费价格指数将其折算为以1997年为基期的实际值。表6-2给出事前和事后时点处置组和对照组农户人均纯收入的统计描述。通过简单比较，可得到以下两点认识：

①融合"自上而下"和"自下而上"两种扶贫机制的农村发展扶贫项目较好地瞄准到贫困村庄，较好地矫正了县域开发扶贫精准度较低的不足：体现在处置组1997年人均纯收入约为1002元，显著低于对照组的同期收入水平（约1274元）。③

②样本期内，所有村庄都经历了人均纯收入显著增加的过程，但相比于对照组，处置组村庄具有更高的收入增速，二者差异为0.04，在1%的置信水

---

① 旨在增加就业的项目可直接提高农户收入，故将其纳入考察范围。旨在提高生活质量、环境保护和增加村级财政收入的项目对农户收入的影响较间接，故基准分析没有考虑这些项目。后面的稳健性分析也尝试将实施了这3类项目的村庄纳入样本，得到的结果没有明显差异。
② 村级农户人均纯收入是由村领导（一般是村主任和村会计）填写调查表报告得到的。1997年，样本村人均纯收入（人口加权）为1722多元，国家统计局公布的当年农民人均纯收入为2090元左右，二者相差不大；6个样本省份的样本村人均纯收入（人口加权）与国家统计局公布的这些省份农民人均纯收入的相关系数为0.971。2002年的情况也类似（样本村人均纯收入为2131元，国家统计局公布数据为2475元；6个省份样本村人均纯收入与国家统计局公布的这些省份的农民人均纯收入的相关系数为0.964）。这表明，样本数据具有较好的代表性。
③ 这里的农户人均纯收入为简单的算术平均值。处置组和对照组1997年人口加权计算的农户人均纯收入分别为1400元和1893元。

平上显著,如表6-2所示。不过,由于潜在的选择偏差,很难将此完全归因于农村发展扶贫项目所致。

表6-2 处置组和对照组农户人均纯收入的描述性统计

结果变量	年份	均值(标准差)			差异:(2)~(3)(4)
		全样本(1)	处置组(2)	对照组(3)	
农户人均纯收入(取自然对数)	1997 (t_0)	7.06(0.70)	6.91(0.66)	7.15(0.71)	-0.25***(0.03)
	2002 (t_1)	7.32(0.69)	7.20(0.66)	7.40(0.70)	-0.21***(0.03)
	Δ_t	0.26***(0.01)	0.29***(0.01)	0.25***(0.01)	0.04***(0.01)
村庄数		2171	825	1346	

注:Δ_t行数值是第二行与第一行数值之差,第(4)列数值是第(2)列与第(3)列数值之差,Δ_t行和第(4)列小括号里的数字为标准误差,***表示在1%的置信水平上显著。

倾向得分匹配双差分法能否有效地矫正选择偏差依赖于处置组和对照组的样本匹配质量,这在很大程度上取决于倾向得分估算模型设定是否合理。利用样本信息丰富的优势,本章选取了27个匹配变量,包含农户家庭信息、村庄基础设施和自然条件等社会经济指标(表6-3)。为确保它们不受项目实施的影响,这些变量均采用1997年的数值。

由表6-3可知,样本村庄平均拥有287家农户和1108名村民,其中半数左右的村民属于劳动力。得益于20世纪80年代起我国在农村基础设施改善方面的不懈努力,94%的农户实现了通电;但仅有35%的农户可以使用自来水,11%的农户有条件使用电话,34%的村庄拥有柏油路。因此,样本村庄的基础设施总体还很薄弱。这种状况同样反映在农业生产领域——只有不足1/4(0.68/2.73)的耕地具有灌溉设施。样本村庄的生态环境也不容乐观:大部分村庄都存在不同程度的水土流失问题,仅有5%的村庄拥有较高质量的草地。总体而言,项目实施之前,处置组和对照组在众多维度上(27个匹配变量中的20个)都存在显著差异,表明项目实施并非随机的。因此,需要矫正样本选择偏差。

表 6-3 匹配变量的描述性统计和倾向得分估计结果

匹配变量（事前时点）	全样本 (1)	均值 处置组 (2)	对照组 (3)	差异：(2)-(3) (4)	倾向值得分估计：probit 回归 (5)
人口数量（取自然对数）	7.01 (0.73)	6.93 (0.75)	7.06 (0.71)	-0.13*** (0.03)	0.88*** (0.17)
家庭数量（取自然对数）	5.66 (0.78)	5.52 (0.77)	5.74 (0.77)	-0.22*** (0.03)	-1.03*** (0.16)
劳动力数量（取自然对数）	6.29 (0.74)	6.18 (0.74)	6.35 (0.74)	-0.17*** (0.03)	0.01 (0.13)
汉族人口比例	0.92 (0.25)	0.86 (0.32)	0.95 (0.19)	-0.09*** (0.01)	-0.80*** (0.13)
曾为本村村民的上级政府官员数	4.73 (6.24)	4.52 (5.88)	4.87 (6.45)	-0.35 (0.28)	-0.001 (0.01)
诊所数量	1.45 (1.29)	1.49 (1.28)	1.43 (1.30)	0.05 (0.06)	0.14*** (0.03)
通电农户比例	0.94 (0.18)	0.93 (0.20)	0.94 (0.17)	-0.02* (0.01)	0.06 (0.17)
通自来水农户比例	0.35 (0.42)	0.29 (0.40)	0.38 (0.43)	-0.09*** (0.02)	-0.10 (0.08)
通电话农户比例	0.11 (0.17)	0.10 (0.17)	0.12 (0.18)	-0.02** (0.01)	0.25 (0.19)
是否有柏油路从村中通过（哑变量：1=是，0=否）	0.34 (0.47)	0.30 (0.46)	0.37 (0.48)	-0.07*** (0.02)	-0.07 (0.07)
最靠近村庄的柏油路类型（乡级公路为参照组）					
国家级公路	0.14 (0.34)	0.16 (0.37)	0.12 (0.32)	0.05*** (0.02)	0.28*** (0.09)
省级公路	0.18 (0.39)	0.20 (0.40)	0.17 (0.38)	0.03 (0.02)	0.20** (0.09)
县级公路	0.32 (0.47)	0.36 (0.48)	0.29 (0.46)	0.06*** (0.02)	0.26*** (0.07)
村委会到乡政府距离（km）	5.24 (4.70)	5.78 (5.28)	4.92 (4.28)	0.86*** (0.21)	0.03*** (0.01)
是否使用机动车作为主要交通工具（哑变量：1=是，0=否）	0.08 (0.28)	0.09 (0.29)	0.08 (0.27)	0.01 (0.01)	-0.05 (0.12)
从村委会到乡政府乘坐主要交通工具所需时间（小时）	0.71 (0.59)	0.74 (0.58)	0.70 (0.59)	0.04 (0.03)	-0.32*** (0.07)

续表

匹配变量（事前时点）	均值			差异：(2)-(3) (4)	倾向值得分估计：probit 回归 (5)
	全样本 (1)	处置组 (2)	对照组 (3)		
平原面积占比	0.56 (0.39)	0.49 (0.38)	0.60 (0.39)	-0.11*** (0.02)	-0.05 (0.13)
坡地（大于25°）面积占比	0.25 (0.30)	0.29 (0.30)	0.22 (0.29)	0.07*** (0.01)	0.02 (0.15)
人均粮食作物播种面积（亩）	2.73 (1.96)	2.89 (2.17)	2.64 (1.82)	0.24*** (0.09)	0.05*** (0.02)
人均灌溉耕地面积（亩）	0.68 (0.77)	0.53 (0.71)	0.77 (0.79)	-0.23*** (0.03)	-0.17*** (0.05)
人均沼泽湿地面积（亩）	0.05 (0.12)	0.04 (0.12)	0.05 (0.12)	-0.01* (0.01)	0.20 (0.26)
水土流失程度（哑变量：1=非常严重；2=严重；3=轻微；4=没有）	2.94 (0.85)	2.78 (0.86)	3.04 (0.83)	-0.26*** (0.04)	-0.10** (0.04)
草地质量（没有草地作为参照组）					
非常好	0.01 (0.10)	0.01 (0.09)	0.01 (0.11)	-0.003 (0.004)	-0.50* (0.29)
好	0.04 (0.19)	0.05 (0.21)	0.03 (0.18)	0.02** (0.01)	0.05 (0.15)
一般	0.13 (0.34)	0.15 (0.36)	0.13 (0.33)	0.02 (0.02)	-0.02 (0.09)
差	0.06 (0.24)	0.09 (0.29)	0.04 (0.19)	0.05*** (0.01)	0.17 (0.13)
非常差	0.01 (0.10)	0.02 (0.13)	0.01 (0.08)	0.01** (0.005)	0.39 (0.28)
R^2					0.09
村庄数	2190	830	1360		2107

注：第（4）列与第（2）列的数值为第（2）列与第（3）列的数值之差。第（4）列与第（5）列小括号里的数字为标准误差。第（5）列 probit 回归包含截距项（未报），第（1）至第（3）列小括号里的数字为标准差。*、**和***分别表示在10%、5%和1%的置信水平上显著。

通过详细比较处置组和对照组之间的差异，可以得到以下3点重要发现。第一，处置组的人口、农户和劳动力数量都显著少于对照组（差异分别为0.13、0.22和0.17，在1%的置信水平上显著）。这进一步支持了前面的论断，即项目覆盖的村庄是更加贫困落后的村庄。第二，在基础设施方面，无论是用电、自来水和电话的覆盖率还是交通的便利程度，处置组村庄在项目实施前都处于明显劣势，说明项目参与者多为基础设施条件较差的村庄。这较好地解决了Rogers（2014）的担忧（即中国政府官员普遍认为基础设施条件较好的村庄能更有效地利用扶贫资金，因此，更倾向于将扶贫资金优先分配给那些基础设施条件较好而非最贫困的村庄）。第三，曾为本村村民的上级政府官员数量在处置组和对照组之间不存在显著差异。鉴于这一指标可以较好地捕捉村庄与上级政府的政治关联度，这表明与上级政府的关联度没有影响村庄是否实施发展扶贫项目。换言之，通过"自上而下"和"自下而上"两种机制的结合，农村发展扶贫项目较好地克服了Park等（2002）指出的中国"自上而下"的县域扶贫开发容易受到非经济因素干扰的弊端。

6.4 实证结果

本节首先估计出倾向得分并据此将处置组与对照组样本进行匹配，然后识别出农村发展扶贫项目的整体扶贫效果，继而检验了理论命题6.1及村级民主的影响，最后进行稳健性分析。

6.4.1 倾向得分估计与平衡性检验

表6-3第（5）列给出倾向得分 *probit* 模型的估计结果。近半数的匹配变量对样本村庄实施发展扶贫项目的概率具有显著影响，且与前面描述性统计的结果较一致，即户数较少、基础设施条件较差和自然环境较恶劣的村庄更容易实施该项目。根据估计的倾向得分，对处置组和对照组样本进行匹配。借鉴万海远等（2013）及贾俊雪等（2015）的做法，为确保结果的稳健性，同时采用了内核匹配（Epanechnikov内核，带宽为0.06[①]）和5对1最邻近匹配法。为确保倾向得分匹配法得到的估计结果是真实有效的，匹配样本必须

[①] 本部分也尝试了Gaussian内核和不同的带宽，结果没有明显差异。

满足以下两个条件。

第一,共同支撑条件以确保处置组和对照组样本具有很好的可比性。图6-2给出处置组和对照组倾向得分的分布。由此可以看出:尽管处置组村庄比对照组村庄总体上具有更高的项目实施概率,但两组样本的倾向得分具有足够大的重叠区域以满足共同支撑条件。

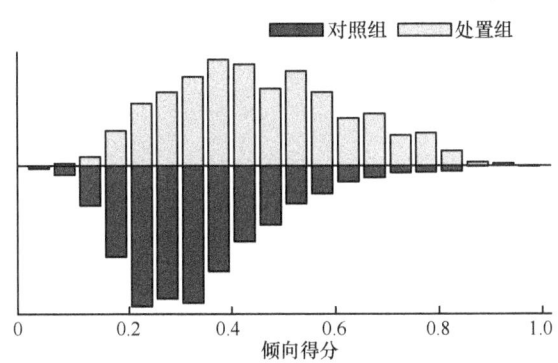

图6-2　处置组和对照组倾向得分分布

第二,平衡性条件需确保有效矫正样本选择偏差问题。这一条件要求匹配样本应满足条件独立分布假设,即项目实施对于匹配样本而言是条件随机的。首先,利用 t 检验考察了匹配后处置组和对照组匹配变量的均值差异。表6-4的结果表明,不论使用哪种匹配方法,匹配后各变量均值的组间差异均不显著。其次,计算了匹配后各变量的组间标准化偏差。匹配样本所有变量的标准化偏差均小于8%(绝大多数小于3%),因此,匹配样本具有良好的平衡性。① 最后,使用匹配样本重新估算了倾向得分。若匹配样本是平衡的,那么 probit 模型的 R^2 应很小(即模型对村庄是否实施发展扶贫项目的解释力很弱)。结果表明,就内核匹配法而言,R^2 由匹配前的0.092下降到匹配后的0.003;就5对1最邻近匹配法,这一指标下降为0.005。因此,匹配样本较好地满足了平衡性条件。

---

① 标准化偏差为:$(\bar{X}_1 - \bar{X}_0)/\sqrt{0.5(S_1^2 + S_0^2)}$,$\bar{X}_1$ 和 S_1^2 为处置组变量的均值和方差,$\bar{X}_0$ 和 S_0^2 为对照组变量的均值和方差。该值越小则组间差异越小,实践中常使用5%、10%,甚至20%作为认定平衡性的标准。

表 6-4　匹配样本的平衡性检验

	内核匹配					5 对 1 最邻近匹配			
	均值		t 检验 (p 值)	偏差 (%)		均值		t 检验 (p 值)	偏差 (%)
	处置组	对照组				处置组	对照组		
人口数量（取自然对数）	6.93	6.92	0.40 (0.69)	2.0		6.93	6.91	0.70 (0.49)	3.5
家庭数量（取自然对数）	5.53	5.52	0.20 (0.84)	1.0		5.53	5.51	0.43 (0.67)	2.1
劳动力数量（取自然对数）	6.19	6.18	0.14 (0.89)	0.7		6.19	6.17	0.62 (0.53)	3.1
汉族人口比例	0.87	0.88	−0.60 (0.55)	−3.6		0.87	0.87	0.07 (0.94)	0.4
曾为本村村民的上级政府官员数（人）	4.54	4.49	0.17 (0.86)	0.8		4.54	4.53	0.04 (0.97)	0.2
诊所数量（个）	1.50	1.52	−0.23 (0.82)	−1.3		1.50	1.49	0.15 (0.88)	0.8
通电农户比例	0.94	0.93	0.39 (0.70)	2.1		0.94	0.94	−0.18 (0.86)	−0.9
通自来水农户比例	0.30	0.28	0.73 (0.47)	3.5		0.30	0.28	0.66 (0.51)	3.2
通电话农户比例	0.10	0.10	−0.04 (0.97)	−0.2		0.10	0.11	−0.16 (0.88)	−0.8
是否有柏油路从村中通过（哑变量：1=是，0=否）	0.30	0.29	0.57 (0.57)	2.8		0.30	0.29	0.70 (0.48)	3.4

第6章 "上下融合"治理模式：农村发展扶贫项目

续表

	内核匹配				5对1最邻近匹配			
	均值		t检验（p值）	偏差（%）	均值		t检验（p值）	偏差（%）
	处置组	对照组			处置组	对照组		
最靠近村庄的柏油路类型（乡级公路为参照组）								
国家级公路	0.17	0.19	-1.18 (0.24)	-6.4	0.17	0.19	-1.20 (0.23)	-6.6
省级公路	0.20	0.19	0.51 (0.61)	2.6	0.20	0.19	0.48 (0.63)	2.4
县级公路	0.35	0.34	0.19 (0.85)	1.0	0.35	0.35	0.00 (1.00)	0.0
村委会到乡政府的距离（km）	5.65	5.72	-0.30 (0.76)	-1.6	5.65	5.77	-0.49 (0.62)	-2.6
是否使用机动车作为主要交通工具（哑变量：1=是，0=否）	0.08	0.07	0.87 (0.38)	4.4	0.08	0.07	1.25 (0.21)	6.2
村委会到乡政府乘坐主要交通工具所需时间（小时）	0.72	0.74	-0.58 (0.56)	-2.9	0.72	0.74	-0.84 (0.40)	-4.3
平原面积占比	0.49	0.48	0.64 (0.53)	3.1	0.49	0.47	1.15 (0.25)	5.7
坡地（大于25°）面积占比	0.29	0.30	-0.74 (0.46)	-3.8	0.29	0.31	-1.08 (0.28)	-5.6
人均粮食作物播种面积（亩）	2.93	2.89	0.38 (0.70)	2.0	2.93	2.89	0.33 (0.74)	1.7

续表

	内核匹配					5对1最邻近匹配				
	均值		t检验 (p值)	偏差 (%)		均值		t检验 (p值)	偏差 (%)	
	处置组	对照组				处置组	对照组			
人均灌溉耕地面积（亩）	0.54	0.53	0.37 (0.71)	1.7		0.54	0.52	0.52 (0.60)	2.3	
人均沼泽湿地面积（亩）	0.04	0.04	0.05 (0.96)	0.2		0.04	0.04	0.14 (0.89)	0.7	
水土流失程度（哑变量：1=非常严重；2=严重；3=轻微；4=没有）	2.79	2.77	0.47 (0.64)	2.4		2.79	2.75	0.83 (0.41)	4.3	
草地质量（没有草地作为参照组）										
非常好	0.01	0.01	−0.51 (0.61)	−2.5		0.01	0.01	−0.60 (0.55)	−2.9	
好	0.05	0.05	−0.11 (0.91)	−0.6		0.05	0.06	−0.63 (0.53)	−3.6	
一般	0.15	0.16	−0.66 (0.51)	−3.4		0.15	0.16	−0.72 (0.47)	−3.8	
差	0.08	0.07	0.21 (0.84)	1.2		0.08	0.08	−0.11 (0.91)	−0.6	
非常差	0.02	0.01	0.68 (0.50)	3.8		0.02	0.01	1.19 (0.24)	6.4	
R^2	匹配前		匹配后			匹配前		匹配后		
	0.092		0.003			0.092		0.005		

6.4.2 农村发展扶贫项目的扶贫成效

在正式对理论命题 6.1 进行检验之前，首先给出农村发展扶贫项目的整体扶贫效果。前面指出，"自上而下"和"自下而上"两种治理模式均存在较明显的缺陷。那么，融合了这两种治理模式的农村发展扶贫项目是否具有较好的扶贫成效？表 6-5 第（1）列给出的估算结果（标准误差由 2000 次自抽样计算得到）显示，答案是肯定的。不同匹配方法给出的平均处置效应在数值和显著性上保持了较好的一致性。具体而言，平均处置效应为 0.041，且至少在 5% 的置信水平上显著，意味着处置组农户人均纯收入的增速平均高出对照组 4.1 个百分点。鉴于处置组农户人均纯收入在 1997 年均值为 1002 元，这表明样本期内发展扶贫项目给农户带来了 41 元的收入增加，总体上具有较好的扶贫效果。①

表 6-5 农村发展扶贫项目对处置组农户人均纯收入的影响

	全样本	村庄实施项目的年份				
		2002 年	2001 年	2000 年	1999 年	1998 年
	（1）	（2）	（3）	（4）	（5）	（6）
Epanechnikov 内核匹配						
平均处置效应	0.042*** （0.013）	0.022 （0.022）	-0.028 （0.039）	0.073*** （0.026）	0.074* （0.038）	0.053*** （0.020）
处置组样本数（个）	803	148	119	79	59	238
对照组样本数（个）	1304	1295	1288	1295	1288	1304
总样本数（个）	2107	1443	1407	1374	1347	1542

---

① 需要指出的是，农户人均收入水平提高并不一定意味着贫困降低，这还取决于发展扶贫项目能否较广泛地惠及贫困农户。由于缺少样本村农户调查数据，本章无法就发展扶贫项目对不同收入组别农户收入的影响进行比较分析。但值得注意的是，农村发展扶贫项目采取了较为科学合理的贫困村识别方法，并在项目实施中采取了贫困农户优先的原则，更为重要的是采取了"自下而上"的机制，突出强调了农户在扶贫项目的确立、实施、管理和监督中的全程参与权和决策权，因此，可较好地确保扶贫资金更多惠及贫困农户且覆盖贫困农户范围较广。这可从相关的案例分析得到良好佐证。因此，农村发展扶贫项目带来的村级农户人均收入的提高在较大程度上反映了贫困农户收入水平的提高（高鸿宾 等，2001；李小云，2007；张永丽 等，2007）。

续表

	全样本	村庄实施项目的年份				
		2002 年	2001 年	2000 年	1999 年	1998 年
	(1)	(2)	(3)	(4)	(5)	(6)
5 对 1 最邻近匹配						
平均处置效应	0.040** (0.016)	0.026 (0.029)	-0.008 (0.044)	0.095*** (0.034)	0.083* (0.046)	0.068*** (0.024)
处置组样本数（个）	803	148	123	79	59	241
对照组样本数（个）	1304	1295	1288	1295	1288	1304
总样本数（个）	2107	1443	1411	1374	1347	1545

注：小括号里的数字为 2000 次自抽样计算得到的标准误差，*、** 和 *** 分别表示在 10%、5% 和 1% 的置信水平上显著。

此外，本部分还关心农村发展扶贫项目对处置组农户收入的较长期影响。为此，依据村庄实施项目的年份，本节将处置组村庄划分为 5 组，分别估计了不同组别的平均处置效应。① 由表 6-5 第（2）至第（6）列可知，对于那些在 2001 年和 2002 年实施了项目（即项目实施未满两年）的村庄而言，发展扶贫项目对农户人均纯收入的影响不显著，原因可能在于：项目实施时间较短，增收效应尚未显现。相反，对于在 2001 年以前实施项目（即项目实施两年以上）的村庄而言，发展扶贫项目的处置效应显著为正且数值较大。这表明，农村发展扶贫项目的增收效应具有较好的持续性。

进一步，本部分估算了农村发展扶贫项目的收益率。由前面可知，1998—2002 年，农村发展扶贫项目使项目参与村农户人均纯收入（1997 年为基期的实际值）增加了 41 元。而此间，农村发展扶贫项目在这些村庄共投资了 4.7 亿元（同样利用农村消费价格指数折算为 1997 年为基期的实际值），人均投资额为 149.4 元。因此，可得农村发展扶贫项目的收益率为 27.4%。② 鉴于发展扶贫项目的收益实现可能需要一段较长时间，而且项目实施也需要一定时间（在样本中，2001 年和 2002 年实施的项目中均有较大比例，色别为

---

① 以 1998 年分样本为例，本部分的具体做法是：只保留了那些只在 1998 年实施了发展扶贫项目的村庄，以其作为新的处置组样本，而对照组样本不变。
② Meng (2013) 利用相同方法估算得到 1994—2000 年我国"八七扶贫计划"的收益率为 42%，据此认为该计划取得了较好的扶贫成效。

29.7%和31%)的项目在样本期末尚未完成,基于全样本得到的收益率可能存在低估问题。为此,本部分也分别估算了1998年、1999年和2000年实施项目的收益率,结果分别为108.6%、168.9%和88.2%。由此可见,农村发展扶贫项目的收益需要一段相对较长的时间才能更好地体现出来,较长期的收益总体较为突出。

6.4.3 扶贫方式与资金配套机制的影响

理论命题6.1揭示出扶贫方式和资金配套机制对扶贫效果的影响,本部分通过样本分类的方法对命题6.1进行实证检验。

首先,本部分检验资本补贴对处置组农户收入的影响。理论命题6.1指出:资本补贴可能会挤出农户自身的资本和劳动投入,因此,扶贫效果不明确。表6-6第(1)列的估计结果较好地证实了这一点:无论采用哪种匹配方法,资本补贴对农户人均纯收入的影响均较小且不具有统计显著性。

其次,理论命题6.1指出,小额信贷对农户增收具有积极的促进作用。实证结果较好地验证了这一点:如表6-6第(2)列所示,小额信贷对处置组农户人均纯收入的平均处置效应显著为正,且具有很好的稳健性。目前,已有文献关于小额信贷的扶贫效果尚存在争议。一种观点认为,出于风险控制的原因金融机构往往不愿借贷给贫困农户,而贫困农户通常也缺乏自信而倾向于将自己排除在信贷市场之外,故小额信贷无法有效地帮助贫困农户脱贫(Scully,2004)。本部分的实证结果表明,农村发展扶贫项目通过"自上而下"与"自下而上"两种机制的融合及广泛采取联户担保的形式,较好地解决了上述问题,充分发挥了小额信贷对于处置组农户发展脱贫的激励作用。因此,今后我国扶贫工作可更多考虑采用小额信贷的扶贫方式以有效地提升脱贫效果。

表6-6 扶贫方式、资金配套机制和村级民主的影响

	扶贫方式		扶贫项目是否引入资金配套机制		资本补贴项目是否引入资金配套机制		村级民主程度	
	资本补贴	小额信贷	引入	未引入	引入	未引入	较低	较高
	(1)	(2)	(3)	(4)	(5)	(6)	(7)	(8)
Epanechnikov 内核匹配								
平均处置效应	0.017 (0.022)	0.041** (0.016)	0.054** (0.025)	0.039*** (0.014)	0.079** (0.033)	0.008 (0.028)	0.018 (0.019)	0.087*** (0.025)
处置组样本数（个）	184	502	127	676	59	122	500	298
对照组样本数（个）	1304	1304	1304	1304	1288	1304	911	389
总样本数（个）	1488	1806	1431	1980	1347	1426	1411	687
5对1最邻近匹配								
平均处置效应	-0.000 (0.027)	0.043** (0.019)	0.058* (0.032)	0.043** (0.017)	0.059* (0.035)	0.0003 (0.034)	0.014 (0.022)	0.097*** (0.027)
处置组样本数（个）	184	503	127	676	59	122	500	298
对照组样本数（个）	1304	1304	1304	1304	1288	1304	911	389
总样本数（个）	1488	1807	1431	1980	1347	1426	1411	687

注：小括号里的数字为2000次自抽样计算得到的标准误差，*、**和***分别表示在10%、5%和1%的置信水平上显著。

最后，本部分考察资金配套机制的影响。理论命题6.1指出，引入资金配套机制可激励农户增加资本和劳动投入，因此不仅对农户收入具有直接正影响，还可以通过改善小额信贷和资本补贴的扶贫效果间接促进农户增收。本部分针对资金配套机制的直接影响进行检验，具体而言，本节根据发展扶贫项目是否引入资金配套机制将处置组分成两组①，给出每组平均处置效应的估计，结果如表6-6第（3）列和第（4）列所示。通过比较这两组平均处置效应的大小可知，引入资金配套机制可带来更大幅的农户人均纯收入的增长。进一步，本部分考察资金配套机制的间接影响。由于小额信贷项目引入配套机制的样本很少，导致无法给出准确估计，这里仅就配套机制对资本补贴的扶贫效果的影响进行检验。依据是否引入配套机制，本部分将实施了资本补贴项目的处置组村庄划分为两组。由表6-6第（5）列和第（6）列的估计结果可知：资金配套机制的引入显著增强了资本补贴的增收效应，具体体现在：引入配套机制的资本补贴项目的平均处置效应显著为正，而未引入配套机制的资本补贴项目的影响依旧不显著。上述结果很好地验证了理论命题6.1的结论，对于我国扶贫政策设计具有良好启示，即适当引入资金配套机制以充分发挥扶贫政策的激励效应，有利于取得更好的扶贫效果。

6.4.4　村级民主的影响

农村发展扶贫项目通过融合"自上而下"和"自下而上"两种治理模式，较好地提升了扶贫精准度，取得了较好的扶贫效果。不过，我国农村民主制度尚不健全，还存在一些较突出的不足，这可能会对两种扶贫机制的有机融合和良好运转产生不利影响，进而削弱发展扶贫项目的扶贫效果。为了考察这一点，本部分进一步分析村级民主的影响。

具体而言，本部分依据村委会选举候选人是否由上级政府指定将处置组村庄划分为两组：民主程度较高组（候选人由本村居民提名）和较低组（候选人由上级政府指定）。分组的估算结果表明，民主程度较低组中，平均处置效应不显著；而民主程度较高组中，处置效应显著为正且数值为民主程度较低组的近5倍，如表6-6第（7）列和第（8）列所示。由此可见，增强村级

---

① 由于绝大多数处置组村庄同时采用了资金和劳动两种配套形式（表6-1），因此，无法识别不同配套方式即资金配套和劳动配套的影响差异。

民主有利于更好地发挥"自上而下"和"自下而上"两种扶贫机制融合的扶贫效果。

6.4.5 稳健性检验

为检验本章基本结论的可靠性，本部分进行稳健性分析。

首先，考虑外溢效应的影响。当处置组和对照组村庄相邻近时，对照组村庄可能会受到处置组村庄实施项目的外溢性影响：①正外溢效应。处置组村庄若引进新技术，则可能会扩散到邻近的对照组村庄，使这些村庄的农户分享到技术进步从而使收入增加。②负外溢效应。邻近的对照组村庄农户可能会迁移至处置组村庄以寻求收入增加，劳动力的减少将会抑制对照组村庄的经济发展，从而降低农户收入。如果存在上述正（或负）外溢效应，将导致估计结果存在向下（或向上）偏差。为检验这一影响，本部分对样本进行以下处理：当某一样本村庄所属乡镇中的所有样本村庄都处于同一状态（即实施了或未实施发展扶贫项目）时，该样本村庄才会被保留下来。这样，本部分剔除了那些最有可能存在外溢效应的样本村庄，即同属于一个乡镇的处置组和对照组村庄。[①] 由表6-7第（1）列可知，此时的平均处置效应为0.1左右（在5%的置信水平上显著）。这一数值明显大于基准结果，表明可能存在正外溢效应，即基准结果倾向给出发展扶贫项目影响的下限值。但需要注意的是，这一检验剔除了近80%的处置组样本，故该结果可能只是反映了一种局部效应（与基准结果不具有很好的可比性）。下面本部分进一步通过安慰剂检验来证实这一点。

具体而言，本部分构建一个反事实处理组，即将那些与实施项目的村庄处在同一乡镇的未实施项目的村庄定义为新的处置组，将其他未实施项目的村庄（即它们所属的乡镇没有任何村庄实施过发展扶贫项目）定义为新的对照组。此时，新的处置组与对照组在样本期内都未实施过发展扶贫项目，因此，不应该观察到任何显著的处置效应。但如果的确存在正外溢效应，那么新的处置组样本就会分享到扶贫项目的好处，从而导致一个显著为正的处置效应。

---

① 我国村庄面积较小、经济发展有限，能够影响的范围也较有限。相对而言，属于同一乡镇的村庄和地理相邻的村庄之间的经济联系较为紧密，故外溢效应最可能存在于这些村庄之间。但由于缺少相关地理信息，本部分无法确定村庄间是否接壤或计算村庄间的距离。

第6章 "上下融合"治理模式：农村发展扶贫项目

表6-7 稳健性检验结果

	外溢效应	安慰剂检验	修剪水平			包含实施其他项目的村庄	实施单个抑或多个项目的村庄	
			2%	5%	10%		单项目村庄	多项目村庄
	(1)	(2)	(3)	(4)	(5)	(6)	(7)	(8)
Epanechnikov 内核匹配								
平均处置效应	0.103** (0.040)	-0.024 (0.024)	0.044*** (0.013)	0.043*** (0.014)	0.042*** (0.014)	0.040*** (0.013)	0.032** (0.015)	0.078*** (0.023)
处置组样本数（个）	121	876	787	763	723	849	621	179
对照组样本数（个）	285	287	1304	1304	1304	1304	1304	1295
总样本数（个）	406	1163	2091	2067	2027	2153	1925	1474
5对1最邻近匹配								
平均处置效应	0.099** (0.049)	-0.027 (0.026)	0.041** (0.016)	0.040** (0.016)	0.040** (0.017)	0.044*** (0.015)	0.041** (0.017)	0.082*** (0.028)
处置组样本数（个）	121	876	787	763	723	849	624	179
对照组样本数（个）	285	287	1304	1304	1304	1304	1304	1295
总样本数（个）	406	1163	2091	2067	2027	2153	1928	1474

注：其他项目包括旨在提高生活质量、环境保护和增加村级财政收入的项目。小括号里的数字为2000次自抽样计算得到的标准误差，**、***分别表示在5%、1%的置信水平上显著。

此外，如果本章的实证分析没有很好地控制发展扶贫项目以外因素（如非观测的乡镇特定政策冲击）的影响，那么遗漏变量偏差也可能导致新的处置组出现显著的处置效应。表6-7第（2）列报告的安慰剂检验结果显示，平均处置效应不具有统计显著性。因此，没有明显证据显示农村发展扶贫项目产生了显著的外溢效应，也表明本章的实证分析较好地控制住了非观测因素的影响，故本章的基本结论是准确可靠的。

其次，本部分考察不同修剪策略（Trimming Strategy）对基准结果的影响。Black等（2004）指出，当倾向得分匹配严重依赖于倾向得分分布的尾部时，共同支撑条件可能被违背，估计结果因而是有偏的。本部分尝试采用2%、5%和10% 3种修剪水平，分别剔除了对照组倾向得分分布尾部最极端的2%、5%和10%的样本（Barth et al.，2006）。表6-7第（3）至第（5）列给出的估计结果表明，无论采用哪一种修剪水平，平均处置效应与基准结果都相差无几。这意味着基准结果并不依赖于倾向得分分布的尾部，因此，具有良好的可靠性。

另外，需要指出的是，本章关注的重点在于发展扶贫项目对贫困村农户收入的影响。因此，为了使样本更干净，基准分析剔除了那些实施了旨在提高生活质量、环境保护和增加村级财政收入项目的村庄。不过，虽然这些项目的目的并非直接增加农户收入，但也可能会对农户收入产生间接影响。因此，本部分也尝试将实施了这些项目的村庄纳入样本，重新估算了处置效应。由表6-7第（6）列可知，新的估算结果与基准结果相比没有什么明显不同。这表明，这些项目对农户收入的间接影响较弱；另外也可能是因为实施了这些项目的村庄数量较少[①]。无论是哪种情况，这一检验结果都意味着，本章的基准结果是稳健、可靠的。

最后，本部分考察了村庄实施扶贫项目数量的影响。具体而言，根据处置组村庄实施项目的数量将其分为两组，即实施单一项目的村庄和实施多个项目的村庄，分别估算了这两组的平均处置效应。由表6-7第（7）、第（8）列可知，这两组的平均处置效应均显著为正，但实施多个项目村庄（农户覆盖率更高的村庄，见前文数据分析）的处置效应更为突出（0.8左右，近乎

---

① 原始样本中有70个村庄实施了这些项目（表6-1），其中14个村庄在1998年以前已实施了项目（为确保匹配前所有样本村庄均未受项目实施的影响，故将它们剔除掉），10个村庄在倾向得分匹配时落在共同支撑域外（被自动剔除掉），因此，新的处置组村庄与基准样本相比增加了46个，如表6-7第（6）列和表6-5第（1）列所示。

基准结果的两倍)。这不仅进一步验证了本章基准结果的稳健性,同时也表明本章以全村农户人均纯收入作为被解释变量存在低估农村发展扶贫项目增收效应的可能性。换言之,基准分析可能给出的是农村发展扶贫项目真实影响的下限值(Lower-Bound Estimates)。①

6.5 小结

本章以农村发展扶贫项目为切入点,从理论和实证两个方面考察了"自上而下"与"自下而上"两种基层治理模式相融合对农户增收的影响。首先,本章构建了一个简单理论模型,剖析了资本补贴、小额信贷及资金配套机制对农户收入的影响及其机制,并提出理论命题;进而以我国农村发展扶贫项目为契机,利用1997年和2002年两年2190个村庄的调查数据和倾向得分匹配双差分法对本章的理论命题进行了实证检验,揭示出"自上而下"和"自下而上"两种治理模式融合的扶贫效果。

理论分析表明,不同的扶贫方式对农户生产经营行为的激励作用进而对其收入增加的影响不同,引入资金配套机制不仅会直接影响农户收入,也会影响不同扶贫方式的扶贫效果。这得到了实证分析的良好证实:小额信贷对贫困村农户增收具有积极的促进作用,资本补贴的影响则很弱;引入资金配套机制不仅显著增加了贫困村农户人均纯收入,也明显改善了资本补贴的扶贫效果。总体上看,农村发展扶贫项目通过融合"自上而下"与"自下而上"两种扶贫机制提高了扶贫瞄准度,产生了较好的脱贫效果——促使贫困村农户人均纯收入的增速提高了4.1个百分点,而且这一增收效应具有较好的持续性。进一步的分析还表明,增强村级民主有利于更好地发挥这两种扶贫机制融合的扶贫效果。

上述结论对于新时期我国精准扶贫政策的优化设计具有良好启示。特别是就本章的研究来看,为了更好地提升脱贫成效,政府应更加重视"造血式"扶贫政策的运用,但在机制设计中应特别强调扶贫政策的激励作用,以有效地激发贫困农户的脱贫主动性,不断地提高贫困农户的自我发展能力,同时

---

① 本部分也尝试将处置组村庄划分为"低覆盖率村庄"和"高覆盖率村庄"(以处置组村庄项目农户覆盖率的中位数为分组标准),分别估算了这两组的平均处置效应,得到类似结论即"高覆盖率村庄"的平均处置效应更大。

也应强化政府主导与基层社区参与的有机融合。这一点对于其他"造血式"扶贫（如教育科技扶贫）的政策设计可能也具有良好的普适性。更为具体地说，我国政府应着重加强以下两个方面的建设。一方面，应继续优化完善"自上而下"与"自下而上"两种扶贫机制的有机融合。充分发挥政府在扶贫工作中的引导和服务作用，提供良好的政策和资金支持，以及科学的技术指导；继续加强我国农村民主建设，充分发挥村民在村级事务的决策、管理和监督中的主体作用，更好地提升扶贫项目规划和扶贫资金使用的精准性。另一方面，应继续优化完善扶贫政策手段。更加积极地运用小额信贷这一扶贫方式，适度引入资金配套机制，以充分发挥扶贫政策的激励效应；并采取更为科学合理的机制设计以有效地避免因贫困农户能力缺失而将其排除在外（对于那些残障或患有重大疾病而完全丧失劳动能力的贫困农户，则应利用社会救济进行"兜底"式扶贫）。

第7章
总结与政策建议

长期以来，学术界和各国政府一直在积极探索如何优化完善国家治理体系，以有效地推进国家治理能力现代化和经济社会的长治久安。过去数十年间，世界各国的治理方式经历了由"管理"向"治理"的转变；治理主体亦经历了由"一元"（政府主导）向"多元"（政府、社会组织和居民共同参与）的转变；治理模式则经历了由"自上而下"（政府主导）向"自下而上"（基层民众主导）、进而寻求"上下融合"的转变。改革开放以来，我国政府坚持"以人为本"，积极探索适合我国国情的治理体系，由早期政府主导的"管理式"向政府、社会组织和居民共同参与的"治理式"转变，并实践了"自上而下"治理模式（如"西部大开发"政策和"集中连片特困区"政策）、"自下而上"治理模式（如农村专业合作组织）和"上下融合"治理模式（如农村发展扶贫项目）。

经过数十年的探索，我国初步建立起包括政府、市场、民众和社会组织在内的多元化国家治理体系，特别是在广大乡村地区形成了以基层党组织为核心、村委会为主体、社会组织为有机组成的农村多元化基层治理结构。从中央到地方的多元化治理结构为我国"推进国家治理体系和治理能力现代化"提供了制度保障，特别是农村多元化基层治理结构成为创新乡村治理体系的重要组成部分，是实现乡村善治进而加快乡村振兴的重要前提。

本书通过剖析"西部大开发"政策、"集中连片特困区"政策、农村专业合作组织的建立及农村发展扶贫项目的实施对农村经济和农民收入的影响，深入探讨了"自上而下"治理模式、"自下而上"治理模式和"上下融合"治理模式3种具体的治理模式对促进农村发展、提高农民收入、解决"三农"

问题的效果。鉴于各时期国家治理的侧重点有所不同，3种治理模式之间不存在所谓的最优，而是有着各自的适用范围，彼此互为补充，最终实现整个国家的善治。因此，本书的目的并非是选择出一种最优的治理模式，而是探讨如何完善各治理模式的设计、提高治理效率。需要指出的是，本书各章节使用的数据样本期不尽相同，但由于均剔除了宏观经济形势的影响，因此，对各模式的分析具有一定的可比性。本章作为整个研究的结束部分，在总结前面章节研究结论的基础上，就如何提升改善3种模式的治理效果，从而为推进国家治理体系和治理能力现代化、实现乡村振兴提出一些政策建议。

7.1 "自上而下"治理模式

改革开放以来，为有效地加快落后地区经济发展、解决农村贫困问题，我国政府积极探索了"自上而下"的治理模式，其应用范围包括省域治理（如"西部大开发"政策）和县域治理（如"国家级贫困县"政策）。这一治理模式取得了一定成效，但是也存在一些问题，从而制约了其治理效果的充分实现。为优化完善区域治理模式，政府在积极培育经济增长点的同时，应加快推动第一产业发展，加速形成"涓滴效应"——引导地区经济增长向农民经济收益的转化。根据本书的结论，这需要我国政府侧重以下两个方面的建设：一方面，应坚定不移地贯彻精准扶贫的基本思想，将扶贫主体下沉至基层行政单位；另一方面，应继续优化完善治理机制，妥善处理加快经济增长与提高人民生活水平之间的关系。具体而言：①应当积极引导地方形成更加科学、更加合理的产业结构，既要形成优势产业、促进地区工业化，又要侧重农业发展；②保障农业产出，为落后地区减贫提供必要的基础；③推进收入分配制度改革，让居民切实分享到经济增长的成果。

7.2 "自下而上"治理模式

党的十九大明确提出，实行乡村振兴战略，作为其重要组成部分，完善我国农村基层治理体系、实现乡村善治需要包括政府、民众和社会组织等多元治理主体的共同参与。为更好地完成这一战略任务，政府应更加积极地培育、促进农村专业合作组织等基层社会组织的发展，全面提升农村经济社会的组织化程度。基于前面的研究结果,这需要我国政府着重加强以下两个方面的建设:一方面,应进一步优化健全农村专业合作组织的制度安排和内部治理结构。特别是应进一步优化完善农村专业合作组织示范章程,积极引导农户设计构建更加科学、更加合理的专业合作组织制度架构:①充分认识到会费制度的两面性,既是维持组织运行的一种资金来源,也是组织成员的一种负担,因此,会费的数额要合理确定;②适当引入分红机制来有效地激发农户的主体积极性,提高农户获取和利用新技术的效率;③切实加强组织内部民主决策和民主监督机制建设以有效地避免"精英捕获"等"异化"现象,保障农户合法权益;④应更加注重不同村庄农户的异质性需求,避免组织内部技术推广"一刀切",忽视村庄特征及其对科技需求的差异。另一方面,应营造有利于社会组织,特别是农村专业合作组织发展的良好外部环境。具体而言,应通过制定相关的法律法规明确规范上级政府,以及村委会和专业合作组织等多元基层治理主体的关系,既能够充分调动各治理主体的积极性,又可以有效地避免其相互干扰。第一,应进一步增强上级政府和村委会对农村专业合作组织的政策支持和引导作用,降低社会组织的筹建和运行成本;第二,也需进一步明晰各主体的治理边界,切实避免村委会尤其是上级政府对农村专业合作组织的不当干预,更好地发挥"自下而上"治理模式在促进农村经济发展和农户增收中的积极作用。

7.3 "上下融合"治理模式

2010年以来,党和国家提出了"扶贫精准到村、到户""国家治理体系和治理能力现代化""乡村振兴"等一系列发展理念。这些理念一脉相承,为切实解决"三农"问题提供了新思路。在多元治理模式下,通过精准扶贫来减少贫困已经成为实现乡村振兴的一条重要道路。为确保这条乡村振兴之路的畅通,我国政府应当坚定不移地贯彻落实精准扶贫这一理念,积极探索"上下融合"的治理模式,优化完善扶贫政策手段。根据本研究的结果,我国政府应着重加强以下两个方面的建设:一方面,应继续优化完善"上下融合"的治理机制。①充分发挥政府在扶贫工作中的引导和服务作用,提供良好的政策和资金支持及科学的技术指导;②继续加强我国农村民主建设,充分发挥村民在村级事务的决策、管理和监督中的主体作用,更好地提升扶贫项目规划和扶贫资金使用的精准性。另一方面，应继续优化完善扶贫政策手段。①在扶贫资金的拨付形式上，除传统的转移支付方式外，应更加积极地运用小额信贷这一扶贫方式，有效地激发贫困农户的参与热情；②适度引入资金配套机制，以充分发挥扶贫政策的激励效应；③逐步增加帮扶力度，确保那些具有脱贫意愿的村庄能够得到科学的技术指导和较充裕的资金支持，但应充分尊重农户依据自身特点和实际情况制定的发展扶贫规划，切实避免政府部门的不合理干预；④采取更为科学合理的机制设计，以有效避免因贫困农户能力缺失而将其排除在外。

附 录

附表1 倾向得分估计及匹配样本的平衡性检验

	倾向得分估计:probit 回归 (1)	均值		t 统计量 (4)	标准化偏差 (5)
		处置组 (2)	对照组 (3)		
人均 GDP（取自然对数）	-1.156*** (0.164)	9.26	9.23	0.95	6.0%
农民人均纯收入（取自然对数）	36.816*** (6.150)	8.30	8.30	0.17	1.0%
农民人均纯收入（取自然对数）平方项	-2.286*** (0.366)	69.02	68.98	0.12	0.7%
人均财政收入（取自然对数）	-0.268*** (0.100)	6.39	6.36	0.72	4.2%
人均财政支出（取自然对数）	0.591*** (0.135)	8.43	8.48	-1.95	-11.4%
人口密度	-0.001*** (0.0002)	156.58	166.05	-0.82	-3.6%
特殊照顾地区（"老少边"地区=1；其他地区=0）	0.201** (0.090)	0.66	0.58	1.75	13.2%
R^2	匹配前	匹配后			
	0.566	0.015			

注：标准化偏差为：$(\bar{X}_1 - \bar{X}_0)/\sqrt{0.5 \times (S_1^2 + S_0^2)}$，$\bar{X}_1$ 和 S_1^2 分别为处置组变量的均值和方差，$\bar{X}_0$ 和 S_0^2 分别为对照组变量的均值和方差。该值越小意味着组间差异越小。***、** 分别表示在1%、5%水平下显著。

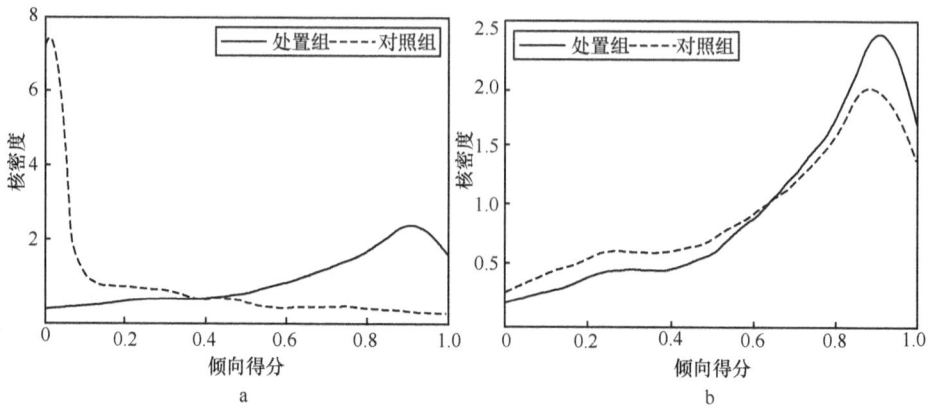

附图1　样本匹配前后倾向得分的核密度

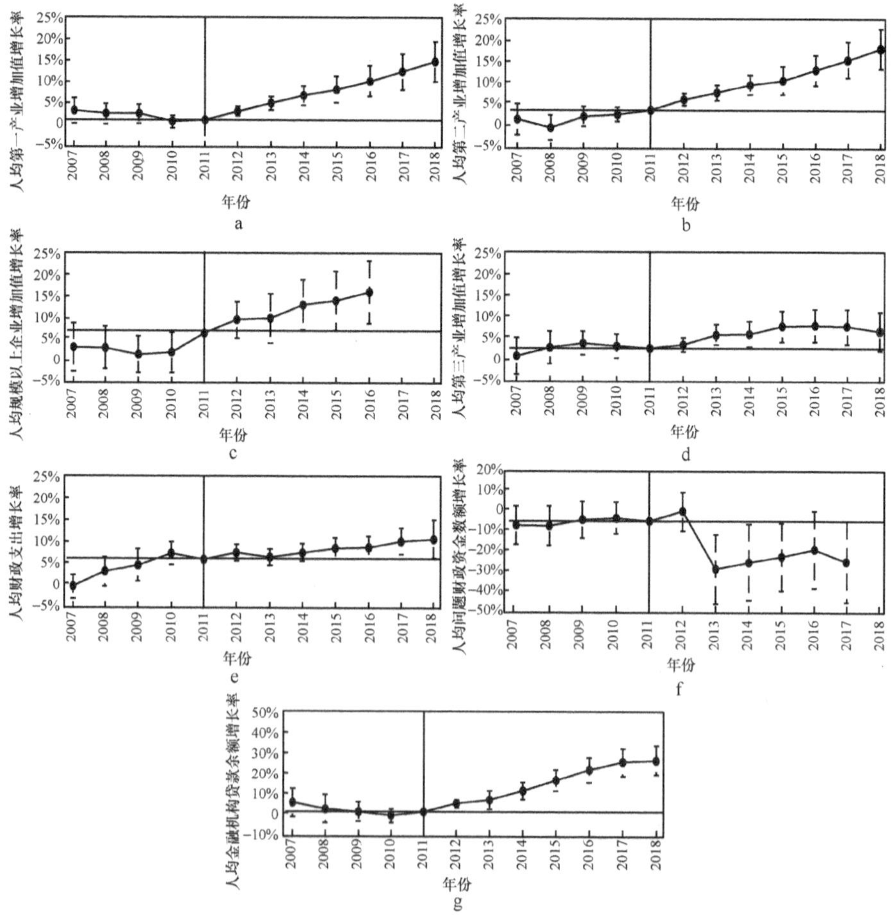

附图2　机制分析的动态效应

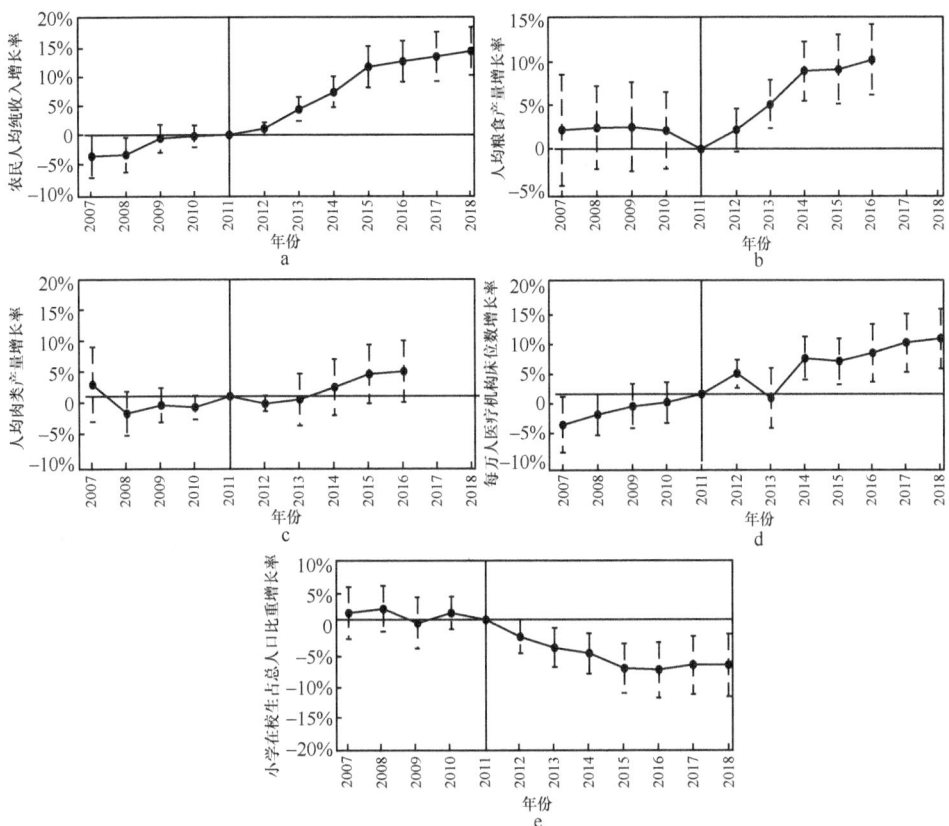

附图3 益贫性的动态效应

参考文献

[1] ADAMOPOULOS T, BRANDT L, LEIGHT J, et al. Misallocation, selection and productivity: a quantitative analysis with panel data from China[J]. National bureau of economic research, 2017, Working Paper No. W23039.

[2] ALDASHEV G, NAVARRA C. Development NGOs: basic facts[J]. Annals of public and cooperative economics, 2018, 89(1): 125-155.

[3] BARDHAN P, UDRY C. Development microeconomics[M]. Oxford: Oxford University Press, 1999.

[5] BARDHAN P, MOOKHERJEE D. Decentralizing antipoverty program delivery in developing countries[J]. Journal of public economics, 2005, 89(4): 675-704.

[5] BARR A, FAFCHAMPS M, OWENS T. The governance of non-governmental organizations in Uganda[J]. World development, 2005, 33(4): 657-679.

[6] BARTH R P, GIBBONS C, GUO S. Substance abuse treatment and the recurrence of maltreatment among caregivers with children living at home: a propensity score analysis[J]. Journal of substance abuse treatment, 2006, 30(2): 93-104.

[7] BLACK D A, SMITH J A. How robust is the evidence on the effects of college quality? Evidence from matching[J]. Journal of econometrics, 2004, 121(1-2): 99-124.

[8] BUERA F J, MOLL B, SHIN Y. Well-intended policies[J]. Review of economic dynamics, 2013, 16(1): 216-230.

[9] CALIENDO M, KOPEINIG S. Some practical guidance for the implementation of propensity score matching[J]. Journal of economic surveys, 2008, 22(1): 31-72.

[10] CAMERON L, OLIVIA S, SHAH M. Scaling up sanitation: evidence from an RCT in Indonesia[J]. Journal of development economics, 2019(138): 1-16.

[11] CONNING J, KEVANE M. Community-based targeting mechanisms for social safety nets: a

critical review[J]. World development, 2002, 30(3): 375-394.

[12] DELL M. The persistent effects of Peru's mining mita[J]. Econometrica, 2010, 78(6): 1863-1903.

[13] DELL M, OLKEN B A. The development effects of the extractive colonial economy: the dutch cultivation system in java[J]. Review of economic studies, 2020, 87(1): 164-203.

[14] DEUNK G. 20th century garden and landscape architecture in the Netherlands[M]. Rotterdam: NAi Publishers, 2002.

[15] DRUCKER P F. Lessons for successful nonprofit governance[J]. Nonprofit management and leadership, 1990, 1 (1): 7-14.

[16] FUJIMOTO I. Lessons from abroad in rural community revitalization: the one village, one product movement in Japan[J]. Community development journal, 1992, 27(1): 10-20.

[17] GAURI V, GALEF J. NGOs in Bangladesh: Activities, resources, and governance[J]. World development, 2005, 33(12): 2045-2065.

[18] GELMAN A, IMBENS G. Why high-order polynomials should not be used in regression discontinuity designs[J]. Journal of business & economic statistics, 2019, 37 (3): 447-456.

[19] GREENWOOD R, RAYNARD M, KODEIH F, et al. Institutional complexity and organizational responses[J]. Academy of management annals, 2011, 5(1): 317-371.

[20] GUO S, FRASER M W. Propensity score analysis: statistical methods and applications [M]. Perth: SAGE Publications, 2014.

[21] HECKMAN J J, ICHIMURA H, TODD P E. Matching as an econometric evaluation estimator: evidence from evaluating a job training programme[J]. Review of economic studies, 1997, 64(4): 605-654.

[22] HECKMAN J J, ICHIMURA H, TODD P E. Matching as an econometric evaluation estimator [J]. Review of economic studies, 1998, 65 (2): 261-294.

[23] HOLBIG H. The emergence of the campaign to open up the west: ideological formation, central decision-making and the role of the provinces[J]. The China quarterly, 2004(178): 335-357.

[24] ICHINO A, MEALLI F, NANNICINI T. From temporary help jobs to permanent employment: what can we learn from matching estimators and their sensitivity[J]. Journal of applied econometrics, 2008, 23(3): 305-327.

[25] IMBENS G. Nonparametric estimation of average treatment effects under exogeneity: a review [J]. Review of economics and statistics, 2004, 86(1): 4-29.

[26] JIA J, MA G, QIN C, et al. Place-based policies, state-led industrialisation, and regional development: evidence from China's Great Western Development Programme[J]. European

economic review, 2020(123): 103398.

[27] JIA R, KUDAMATSU M, SEIM D. Political selection in China: the complementary roles of connections and performance[J]. Journal of the european economic association, 2015, 13(4): 631-668.

[28] KLINE P, MORETTI E. Local economic development, agglomeration economies, and the big push: 100 years of evidence from the Tennessee Valley Authority[J]. Quarterly journal of economics, 2014, 129(1): 275-331.

[29] KNIGHT J. Rural revitalization in Japan: spirit of the village and taste of the country[J]. Asian survey, 1994, 34(7): 634-646.

[30] KOU C, TSAI W. "Sprinting with small steps" towards promotion: solutions for the age dilemma in the CCP cadre appointment system[J]. The China journal, 2014(71): 153-171.

[31] LABONNE J, CHASE R S. Do community-driven development projects enhance social capital? Evidence from the Philippines[J]. Journal of development economics, 2011, 96(2): 348-358.

[32] LECHNER M. Identification and estimation of causal effects of multiple treatments under the conditional independence assumption[J]. Econometric evaluation of labour market policies, 2001, 13(3): 43-58.

[33] LEE D S, MORETTI E, BUTLER M J. Do voters affect or elect policies? Evidence from the US House[J]. Quarterly journal of economics, 2004, 119(3): 807-859.

[34] LIU C, MA G. Are place-based policies always a blessing? Evidence from China's National Poor County Programme[J]. Journal of development studies, 2019, 55(7): 1603-1615.

[35] LIU Y, MAO J. How do tax incentives affect investment and productivity? Firm-level evidence from China[J]. American economic journal (economic policy), 2019, 11(3): 261-291.

[36] MA Q. The governance of NGOs in China since 1978: how much autonomy?[J]. Nonprofit and voluntary sector quarterly, 2002, 31(3): 305-328.

[37] MENG L. Evaluating China's poverty alleviation program: a regression discontinuity approach[J]. Journal of public economics, 2013(101): 1-11.

[38] MEYER J W, ROWAN B. Institutionalized organizations: formal structure as myth and ceremony[J]. American journal of sociology, 1977, 83(2): 340-363.

[39] MOLL B. Productivity losses from financial frictions: can self-financing undo capital misallocation?[J]. American economic review, 2014, 104(10): 3186-3221.

[40] MONTALVO J G, RAVALLION M. The pattern of growth and poverty reduction in China[J]. Journal of comparative economics, 2010, 38(1): 2-16.

[41] OECD. Participatory Development and Good Governance[R]. Paris: OECD, 1995.

[42] OSTROM E. Beyond markets and states: polycentric governance of complex economic systems [J]. American economic review, 2010, 100(3): 641-672.

[43] PARK A, ROZELLE S, CAI F. China's grain policy reforms: implications for equity, stabilization, and efficiency[J]. China economic review, 1994, 5(1): 15-33.

[44] PARK A, WANG S, WU G. Regional poverty targeting in China[J]. Journal of public economics, 2002, 86(1): 123-153.

[45] PARK A, WANG S. Community-based development and poverty alleviation: an evaluation of China's poor village investment program[J]. Journal of public economics, 2010, 94(9-10): 790-799.

[46] PIERRE J, PETERS B G. Governance, politics and the state[M]. London: Palgrave Macmillan, 2010.

[47] PINOTTI P. Clicking on heaven's door: the effect of immigrant legalization on crime[J]. American economic review, 2017, 107(1): 138-168.

[48] POWELL D, SEABURY S. Medical care spending and labor market outcomes: evidence from workers' compensation reforms[J]. American economic review, 2018, 108(10): 2995-3027.

[49] QIN C, CHONG T T L. Can poverty be alleviated in China[J]. Review of income and wealth, 2018, 64(1): 192-212.

[50] RAVALLION M, CHEN S. China's (uneven) progress against poverty[J]. Journal of development economics, 2007, 82(1): 1-42.

[51] RICKER-GILBERT J, JAYNE T S, CHIRWA E. Subsidies and crowding out: a double-hurdle model of fertilizer demand in Malawi[J]. American journal of agricultural economics, 2011, 93(1): 26-42.

[52] ROGERS S. Betting on the strong: local government resource allocation in China's poverty counties[J]. Journal of rural studies, 2014(36): 197-206.

[53] ROSE-ACKERMAN S. The economics of nonprofit institutions[M]. Oxford: Oxford University Press, 1986.

[54] SALAMON L. Of market failure, voluntary failure, and third-party government: toward a theory of government-nonprofit relations in the modern welfare state[J]. Journal of voluntary action research, 1987, 16(1-2): 29-49.

[55] SALAMON L. The tools of government: a guide to the New Governance[M]. Oxford: Oxford University Press, 2002.

[56] SCULLY N D. Microcredit no panacea for poor women[R]. Washington: Global Development Research Centre, 2004.

[57] SEN A. Development as freedom[M]. Oxford: Oxford University Press, 1999.

[58] SHEN Y, YAO Y. Does grassroots democracy reduce income inequality in China[J]. Journal of public economics, 2008, 92(10-11): 2182-2198.

[59] UNDP. Governance for sustainable human development[M]. New York: UNDP, 1997.

[60] NOORT P C V D. Land consolidation in the Netherlands[J]. Land use policy, 1987, 4(1): 11-13.

[61] VAN D T. Complications for traditional land consolidation in Central Europe[J]. Geoforum, 2007, 38(3): 505-511.

[62] WERKER E, AHMED F Z. What do nongovernmental organizations do[J]. Journal of economic perspectives, 2008, 22(2): 73-92.

[63] WORLD BANK. China: overcoming rural poverty[M]. Washington: World Bank, 2001.

[64] WORLD BANK. A decade of measuring the quality of governance: governance matters 2006 worldwide governance indicators[M]. Washington: World Bank, 2006.

[65] WRY T, COBB J A, ALDRICH H E. More than a metaphor: assessing the historical legacy of resource dependence and its contemporary promise as a theory of environmental complexity[J]. Academy of management annals, 2013, 7(1): 441-488.

[66] YAO S, ZHANG Z, HANMER L. Growing inequality and poverty in China[J]. China economic review, 2004, 15(2): 145-163.

[67] YU J, ZHOU J. Chinese civil society research in recent years: a critical review[J]. China review, 2012, 12(2): 111-139.

[68] ZHANG X, FAN S, ZHANG L, et al. Local governance and public goods provision in rural China[J]. Journal of public economics, 2004, 88(12): 2857-2871.

[69] B. 盖伊·彼得斯. 政府未来的治理模式[M]. 吴爱明, 夏宏图, 译. 北京: 中国人民大学出版社, 2013.

[70] 鲍勃·杰索普. 治理的兴起及其失败的风险: 以经济发展为例的论述[J]. 国际社会科学杂志(中文版), 1999(1): 31-48.

[71] 陈春常. 转型中的中国国家治理研究[M]. 上海: 上海三联书店, 2014.

[72] 陈晓莉. 农村社会管理中基层党组织的社会整合功能[J]. 理论探讨, 2011(3): 134-138.

[73] 戴维·奥斯本, 特德·盖布勒. 改革政府: 企业家精神如何改革着政府部门[M]. 周敦仁, 译. 上海: 上海译文出版社, 2006.

[74] 党国英. 我国乡村治理改革回顾与展望[J]. 社会科学战线, 2008(12): 1-17.

[75] 丁志刚. 如何理解国家治理与国家治理体系[J]. 学术界, 2014(2): 65-72.

[76] 董洪江, 曾志敏. 公司与社会组织: 组织管理的可通约性[J]. 管理世界, 2016(12): 182-183.

[77] 范小建. 60 年: 扶贫开发的攻坚战[J]. 求是, 2009(20): 35-37.

[78] 弗朗西斯·福山. 国家构建: 21 世纪的国家治理与世界秩序[M]. 黄胜强, 许铭原, 译. 北京: 中国社会科学出版社, 2007.

[79] 盖庆恩, 朱喜, 程名望, 等. 土地资源配置不当与劳动生产率[J]. 经济研究, 2017(5): 119-132.

[80] 甘思德, 邓国胜. 行业协会的游说行为及其影响因素分析[J]. 经济社会体制比较, 2012(4): 147-156.

[81] 高鸿宾, 王卫民, 黄承伟. 扶贫开发规划研究[M]. 北京: 中国财政经济出版社, 2001.

[82] 高小平. 国家治理体系与治理能力现代化的实现路径[J]. 中国行政管理, 2014(1): 9.

[83] 格里·斯托克, 华夏风. 作为理论的治理: 五个论点[J]. 国际社会科学杂志(中文版), 1999(1): 19-30.

[84] 公茂刚, 王学真, 高峰. 中国贫困地区农村居民粮食获取能力的影响因素: 基于592 个扶贫重点县的经验分析[J]. 中国农村经济, 2010(4): 12-19.

[85] 郭亨孝. 加拿大农村现代化之路与中国农村发展[J]. 农村经济, 2006(12): 124-127.

[86] 国鲁来. 农业技术创新诱致的组织制度创新: 农民专业协会在农业公共技术创新体系建设中的作用[J]. 中国农村观察, 2003(5): 24-31.

[87] 何芬, 赵燕霞. 美、日促进集中连片特困地区减贫的经验借鉴[J]. 世界地理研究, 2015, 24(4): 20-29.

[88] 何增科. 治理、善治与中国政治发展[J]. 中共福建省委党校学报, 2002(3): 17-20.

[89] 何增科. 国家治理现代化的民主治理与有效治理[J]. 领导科学, 2014(21): 20.

[90] 贺雪峰, 董磊明. 中国乡村治理: 结构与类型[J]. 经济社会体制比较, 2005(3): 42-50.

[91] 贺雪峰, 董磊明, 陈柏峰. 乡村治理研究的现状与前瞻[J]. 学习与实践, 2007(8): 118-128.

[92] 贺雪峰. 乡村建设中提高农民组织化程度的思考[J]. 探索, 2017(2): 41-46.

[93] 侯江红, 刘文婧. 近年来我国社会组织研究述评: 基于 CSSCI (2000—2017) 的知识图谱分析[J]. 社会主义研究, 2018(5): 153-163.

[94] 胡鞍钢, 李春波. 新世纪的新贫困: 知识贫困[J]. 中国社会科学, 2001(3): 70-81.

[95] 黄季焜, 邓衡山, 徐志刚. 中国农民专业合作经济组织的服务功能及其影响因素[J]. 管理世界, 2010(5): 75-81.

[96] 黄晓春, 周黎安. 政府治理机制转型与社会组织发展[J]. 中国社会科学, 2017(11):

118-138.

[97]纪莺莺. 当代中国的社会组织：理论视角与经验研究[J]. 社会学研究，2013（5）：219-241.

[98]贾俊雪. 公共基础设施投资与全要素生产率：基于异质企业家模型的理论分析[J]. 经济研究，2017(2)：6-21.

[99]贾俊雪，宁静. 纵向财政治理结构与地方政府职能优化：基于省直管县财政体制改革的拟自然实验分析[J]. 管理世界，2015(1)：7-17.

[100]贾俊雪，秦聪，刘勇政."自上而下"与"自下而上"融合的政策设计：基于农村发展扶贫项目的经验分析[J]. 中国社会科学，2017(9)：68-89.

[101]江必新. 国家治理现代化基本问题研究[J]. 中南大学学报(社会科学版)，2014，20(3)：139-148.

[102]金太军. 村庄治理中三重权力互动的政治社会学分析[J]. 战略与管理，2002(2)：105-114.

[103]金卓，孟昭名. 集中连片特困区内源性发展问题研究[J]. 税务与经济，2019（4）：35-40.

[104]李庚. 农村专业经济协会的作用及发展对策[J]. 安徽农业科学，2011，39（30）：18843-18845.

[105]李红玲. 农民专业合作组织的多元扶贫逻辑与公共治理[J]. 贵州社会科学，2014（7）：133-137.

[106]李小云. 生态补偿机制：市场与政府的作用[M]. 北京：社会科学文献出版社，2007.

[107]李雪萍，汪智汉. 短板效应：西藏公共产品供给——兼论均衡性公共产品供给特点[J]. 贵州社会科学，2009(12)：102-107.

[108]廖祖君. 农民专业合作经济组织发展特征及转型研究[J]. 农村经济，2010（11）：78-80.

[109]刘金海. 乡村治理模式的发展与创新[J]. 中国农村观察，2016(6)：67-74.

[110]刘西川，程恩江. 中国农业产业链融资模式：典型案例与理论含义[J]. 财贸经济，2013，34(8)：47-57.

[111]刘振国. 中国社会组织的治理创新：基于地方政府实践的分析[J]. 经济社会体制比较，2010(3)：137-144.

[112]刘忠，牛文涛，廖冰玲. 我国"西部大开发战略"研究综述及反思[J]. 经济学动态，2012(6)：77-84.

[113]罗伯特·罗茨. 新治理：没有政府的管理[J]. 政治学研究，1996(154)：22-23.

[114]罗楚亮. 农村贫困的动态变化[J]. 经济研究，2010(5)：123-138.

[115] 罗家德,李智超. 乡村社区自组织治理的信任机制初探:以一个村民经济合作组织为例[J]. 管理世界, 2012(10): 83-93.

[116] 罗家德,孙瑜,谢朝霞,等. 自组织运作过程中的能人现象[J]. 中国社会科学, 2013(10): 86-101.

[117] 罗仁福,张林秀,黄季焜,等. 村民自治、农村税费改革与农村公共投资[J]. 经济学(季刊), 2006, 5(4): 1295-1310.

[118] 马光荣,郭庆旺,刘畅. 财政转移支付结构与地区经济增长[J]. 中国社会科学, 2016(9): 105-125.

[119] 苗长川,张永良. 浅论西部资源与农业结构的战略性调整[J]. 西安电子科技大学学报(社会科学版), 2004(2): 35-39.

[120] 缪德刚. 团体贷款理论的发展及其对中国农村资金配置的借鉴[J]. 贵州社会科学, 2016(4): 163-168.

[121] 潘劲. 试论中国农村专业协会的产生与发展条件[J]. 农业经济问题, 1996(11): 16-21.

[122] 曲玮,涂勤,牛叔文,等. 自然地理环境的贫困效应检验:自然地理条件对农村贫困影响的实证分析[J]. 中国农村经济, 2012(2): 21-34.

[123] 全球治理委员会. 我们的全球伙伴关系[R]. 牛津:牛津大学出版社, 1995.

[124] 饶华敏. 乌蒙山集中连片少数民族困难地区贫困的脆弱性探讨[J]. 经济研究导刊, 2012(18): 132.

[125] 萨拉蒙·莱斯特. 全球公民社会:非营利部门视界[M]. 贾西津,魏玉,译. 北京:社会科学文献出版社, 2002.

[126] 塞缪尔·亨廷顿. 文明的冲突与世界秩序的重建[M]. 周琪,刘绯,张立平,等译. 北京:新华出版社, 1998.

[127] 沈费伟,刘祖云. 发达国家乡村治理的典型模式与经验借鉴[J]. 农业经济问题, 2016(9): 93-102.

[128] 沈茂英. 四川藏区精准扶贫面临的多维约束与化解策略[J]. 农村经济, 2015(6): 62-66.

[129] 师亦琪,谢海英,孙万挺,等. 农村专业经济协会文献综述[J]. 农村经济与科技, 2017, 28(23): 61-62.

[130] 苏敬媛. 从治理到乡村治理:乡村治理理论的提出、内涵及模式[J]. 经济与社会发展, 2010, 8(9): 73-76.

[131] 苏昕,于仁竹,孙小燕. 中国农民专业合作经济组织研究述评[J]. 经济学动态, 2012(3): 90-94.

[132] 孙久文,张静,李承璋,等. 我国集中连片特困地区的战略判断与发展建议[J]. 管

理世界,2019(10):156-165.

[133] 唐皇凤. 新中国60年国家治理体系的变迁及理性审视[J]. 经济社会体制比较,2009(5):24-32.

[134] 唐兴军,齐卫平. 治理现代化中的政府职能转变:价值取向与现实路径[J]. 社会主义研究,2014(3):88-95.

[135] 万海远,李实. 户籍歧视对城乡收入差距的影响[J]. 经济研究,2013,48(9):43-55.

[136] 王春光. 迈向多元自主的乡村治理:社会结构转变带来的村治新问题及其化解[J]. 人民论坛,2015(5):11-13.

[137] 王名,贾西津. 中国NGO的发展分析[J]. 管理世界,2002(8):30-43.

[138] 王浦劬. 全面准确深入把握全面深化改革的总目标[J]. 中国高校社会科学,2014(1):4-18.

[139] 王少宇,居占杰. 国内关于乡村治理理论研究综述[J]. 天津农业科学,2016(22):103-106.

[140] 王诗宗,宋程成,许鹿. 中国社会组织多重特征的机制性分析[J]. 中国社会科学,2014(12):42-59.

[141] 王图展. 农民合作社议价权、自生能力与成员经济绩效:基于381份农民专业合作社调查问卷的实证分析[J]. 中国农村经济,2016(1):53-68.

[142] 王小林,ALKIRE S. 中国多维贫困测量:估计和政策含义[J]. 中国农村经济,2009(12):4-10.

[143] 汪三贵. 在发展中战胜贫困:对中国30年大规模减贫经验的总结与评价[J]. 管理世界,2008(11):78-88.

[144] 温涛,王小华,杨丹,等. 新形势下农户参与合作经济组织的行为特征、利益机制及决策效果[J]. 管理世界,2015(7):82-97.

[145] 吴结兵,沈台凤. 社会组织促进居民主动参与社会治理研究[J]. 管理世界,2015(8):58-66.

[146] 吴娟,卢勇,袁灿生. 江苏省农村专业技术协会组织发展现状及对策[J]. 江苏农业科学,2017,45(22):358-361.

[147] 吴志成. 治理创新:欧洲治理的历史、理论与实践[M]. 天津:天津人民出版社,2003.

[148] 袭著燕,王保宁,白全民. 我国农村专业技术协会研究综述及展望[J]. 农业科学研究,2013(4):71-76.

[149] 邢成举,葛志军. 集中连片扶贫开发:宏观状况、理论基础与现实选择:基于中国农村贫困监测及相关成果的分析与思考[J]. 贵州社会科学,2013(5):123-128.

[150]许海清. 国家治理体系和治理能力现代化[M]. 北京：中共中央党校出版社，2013.

[151]许耀桐，刘祺. 当代中国国家治理体系分析[J]. 理论探索，2014(1)：10-14.

[152]许正文. 论我国省制的沿革与发展[J]. 陕西师范大学学报（哲学社会科学版），1999(1)：106-111.

[153]徐辉，李录堂. 农村专业技术协会人力资本团队形成影响因素分析：基于湖北省5市（县）176户农户的调查数据[J]. 北京理工大学学报(社会科学版)，2009，11(2)：69-72.

[154]徐林，宋程成，王诗宗. 农村基层治理中的多重社会网络[J]. 中国社会科学，2017(1)：25-45.

[155]徐勇. 乡村治理与中国政治[M]. 北京：中国社会科学出版社，2003.

[156]徐勇. "政党下乡"：现代国家对乡土的整合[J]. 学术月刊，2007(8)：13-20.

[157]阎坤，于树一. 公共财政减贫的理论分析与政策思路[J]. 财贸经济，2008(4)：61-67.

[158]杨丹，刘自敏. 农户专用性投资、农社关系与合作社增收效应[J]. 中国农村经济，2017(5)：45-57.

[159]杨蔚. 合作社参与乡村治理：一个文献综述[J]. 当代经济，2017(23)：152-154.

[160]叶兴庆. 践行共享发展理念的重点难点在农村[J]. 中国农村经济，2016(10)：14-18.

[161]俞可平. 民主与陀螺[M]. 北京：北京大学出版社，2006.

[162]俞可平. 推进国家治理体系和治理能力现代化[J]. 前线，2014(1)：5-8.

[163]詹姆斯·罗西瑙. 没有政府的治理[M]. 张胜军，刘小林，译. 南昌：江西人民出版社，2001.

[164]张车伟. 营养、健康与效率：来自中国贫困农村的证据[J]. 经济研究，2003(1)：3-12.

[165]张明亮. 村民自治论丛[M]. 北京：中国社会出版社，2001.

[166]张平，张宇，王丽明，等. 农业产业化背景下的协会发展[J]. 中国农业大学学报(社会科学版)，2013，30(4)：102-110.

[167]张卫国，冉晖. 中小企业团体贷款研究综述与分析[J]. 经济学动态，2010(5)：81-84.

[168]张艳娥. 关于乡村治理主体几个相关问题的分析[J]. 农村经济，2010(1)：14-19.

[169]张永丽，王虎中. 新农村建设：机制、内容与政策：甘肃省麻安村"参与式整村推进"扶贫模式及其启示[J]. 中国软科学，2007(4)：24-31.

[170]章奇，刘明兴，单伟. 政府管制、法律软约束与农村基层民主[J]. 经济研究，2004(6)：59-68.

[171] 章元,许庆,邬璟璟. 一个农业人口大国的工业化之路:中国降低农村贫困的经验[J]. 经济研究,2012(11):76-87.

[172] 赵昌文,郭晓鸣. 贫困地区扶贫模式:比较与选择[J]. 中国农村观察,2000(6):65-71.

[173] 《农村专业技术协会的研究》课题组. 连接农户与市场的民间组织:农村专业技术协会研究会[J]. 中国农村经济,1993(10):25-31.